情感无能

Bryn C. Collins

Emotional Unavailability

[美] 布琳 · 柯林斯 —— 著
程璇 —— 译

北京时代华文书局

图书在版编目（CIP）数据

情感无能 / (美) 布琳 · 柯林斯著 ; 程璇译 . -- 北京 : 北京时代华文书局 , 2024.5
书名原文 : Emotional Unavailability
ISBN 978-7-5699-5043-4

Ⅰ . ①情… Ⅱ . ①布… ②程… Ⅲ . ①情感－通俗读物 Ⅳ . ① B842.6-49

中国国家版本馆 CIP 数据核字 (2023) 第 185643 号

北京市版权局著作权合同登记号 图字：01-2023-3363

QingGan WuNeng

出 版 人：陈　涛
策划编辑：牛瑞华
责任编辑：袁思远
责任校对：陈冬梅
装帧设计：左左工作室
责任印制：刘　银　　訾　敬

出版发行：北京时代华文书局 http://www.bjsdsj.com.cn
北京市东城区安定门外大街 138 号皇城国际大厦 A 座 8 层
邮编：100011　电话：010-64263661　64261528

印　　刷：天津创先河普业印刷有限公司
开　　本：710 mm×1000 mm　1/16　　成品尺寸：150 mm×230 mm
印　　张：17.5　　字　　数：215 千字
版　　次：2024 年 5 月第 1 版　　印　　次：2024 年 5 月第 1 次印刷
定　　价：68.00 元

推荐序

给自己的情感建个工房

叶壮

作为一名心理学者，总有人来问我各种各样的问题："伴侣为什么总是不懂我？""领导为什么要给我穿小鞋？""孩子为什么做作业老是磨磨蹭蹭，不听我的规劝与催促？"

说实话，这些看似简单的问题往往都有着复杂的答案。当我进一步去探寻他们究竟是出于怎样的郁结问出这样的问题时，我却总是遭遇冷钉子："别的你不用问，你就告诉我，我怎么才能让伴侣懂我／领导不刁难我／孩子别忤逆我。"

人们热衷于寻找解决问题的方法，却不愿或者不敢触碰这背后的心理本质。

比如夫妻之间相互理解的程度不深，可能意味着关系中亲密感与安全感的缺失；职场上的小鞋，可能意味着尊重与价值感的匮乏；孩子不听话，可能意味着孩子在负气地想“家长并不懂我，却总是指手画脚”。

大家习惯性地把生活中的很多问题看成脱节的零件，第一反应是想从心理学中找个钉子，把两个零件牢牢地钉在一起，但却忽略了一条重要信息：人与人之间的关系并不等同于桌面和桌腿之间的关系，想解决人与人之间的问题，更需要对关系、对情感进行深入解析。

无奈的是，很多人偏偏在情感方面的能力非常匮乏。这可能导致多种结局：一方面，在情感上极端——总是怒气冲冲，或者牢骚满腹；另一方面，在处世态度上极端——悲观对待一切，或者觉得天底下所有人都对不起自己；再一方面，在人际关系上极端——要么成为取悦他人成性的卑躬屈膝者，要么成为PUA（情感控制）别人的“煤气灯”点灯人。

每个人身边都有这样的人，甚至我们自己在某种程度上也有着类似的困扰。不过，让我们先把那些具体的人和事放下，从更大的角度上去理解：在对情感缺少深入分析和解构的能力之前，人就是容易陷入某种应对生活的习惯之中。

“如果你唯一的工具是一把锤子，你往往会把一切问题都看成钉子。”《情感无能》作者引用这句话，来形容愤怒的人试图用怒火去弭平一切。我觉得特别有道理。

我家有个一字改锥，每次碰见打不开的罐头，我都拿它去撬，这导致罐头瓶被撬裂，洒了一地汤汤水水；罐头的盖子被撬坏，没法拧回去，放进冰箱也没法保存；划伤我的手，害我几天没法敲键盘写文章——可我从来都没想过，我应该买个专门撬罐头的工具。就是这个既不称手又不实用的改锥，包揽了我家十年来难开的罐头和由此产生的多次麻烦。如果我一开始就有合适的工具，想必事情不至于此吧。

“锤子与钉子”这一比喻所蕴含的道理，实际上广泛适用。很多人在用有限的工具去应对生活中复杂且多样的问题，自然会感到无力与焦躁。

在这些问题中，人与人之间的关系，不管是爱侣、亲子、朋友还是同事，很明显都是不容忽视的典型。人们都希望与别人关系融洽，却又容易因为陷进工具定式，使得关系发展一再上演类似的悲剧。说来无奈，我们身处的社会，大多数人都特别看重人与人之间的关系，但容易忽视人际交往中的情感体验，于是原本被重视的关系本身，自然就跟着走了样，甚至崩了盘。

这种因“工具有限”，对情感的解读和跟他人的互动陷入定式的情况，布琳·柯林斯在《情感无能》的开头便提及，从美好却短暂的罗密欧、危险人物印第安纳·琼斯到镜中自恋者、永不承诺的老滑头，不一而足。但更重要的是，大概没有谁生来就是罗密欧、老滑头，这些人究竟如何一步一步变成今天在情感上无能的样子呢？我愿意带有足够的包容心去假设，这些在情感上无能的人，依然希望拥有和享受优质的人际关系，那到底是什么让他们变成了这样的呢？

《情感无能》不仅给出了答案，还给出了解读以及应对之策。作者在咨询实操中收集了大量个案，并且不吝分享自己在生活中的所见所感，赋予了这些答案和策略更强的说服力。

原生家庭、童年经历以及在不同场合的初次体验，都会对一个人的情感状态、情感解读产生影响。每个情感无能的人都有自己的苦楚，在给别人造成伤害的同时，往往自己的情感也已经千疮百孔。毕竟，没有被正确对待过的人，很难知道该如何正确地去对待他人。

解构原生家庭对于个人的影响，近些年来非常流行。但布琳·柯林斯的解读与分析却有着独特的风格：一是非常平和朴实，没有掺杂什么让非心理学工作者挠头的精神分析术语；二是逻辑缜密，抽丝剥茧般剖析情感无能的人，究竟是因为怎样的原初经历、个人分析才一步步变成今天这样。

更难能可贵的是，作者提供了一系列可行性很强的解决方案。要知道，很多探讨“原生家庭”“童年创伤”的书籍，都过于在乎“分析”而非“治愈”，难免偏重剖析，却忽视了人文上的关怀和指导性的意见。就这样，一个从“心理”出发，本应该温柔和煦的疗愈过程，变成了冷冰冰的心理解剖，把一切翻腾出来，却没有最后的缝合与康复，颇有点儿“管杀不管埋”的感觉。

而布琳·柯林斯不会，她就像你在楼下偶遇的邻家大姐，跟你说点儿大家都有的小烦恼，再谈谈自己的分析和看法，临别之前，还不忘提几句小心之处和解决要点。她没有那份把人心条理分明地展示出来的极端理性，也没有那种一定要探究人性黑暗的猎奇心态，她有的是对人的好奇、共情和未来要越来越好的期待。她给你的感觉是，虽然别人有做得不够好的地方，但她真的热爱生活。

跟着本书去解读自己和他人，你不会觉得晦涩或残忍，认真看过，都会大有收获：你不再只拥有一把锤子，世人的模样也不再俱是钉子。如果你遭遇过情感无能的人，你会拥有更多的视角去洞察他们，并做防范；如果你本人也在某种程度上存在情感无能的问题，那么你就能有不止一种方法，去开拓自己情感上的新疆域。

我在视频网站上关注了一个德国大叔，他平时会发一些自己手工做家具的视频。我看的第一个视频标题是《只要50欧元的成本，就可以做一张桌子！》，看完差点儿把我气笑了——大叔的工房里，各种工具一应俱全，这一套家当算下来，估计5万欧元都拿不下。

可是我越来越爱看大叔干活。手锯、角磨机、焊枪、3D打印机……不同的需求，就用不同的工具；不同的问题，就用不同的方法。有这样的储备，你才有能力只花50欧元，就拥有一张不错的桌子。

而我，只有一把时不时兼职撬罐头的一字改锥。

《情感无能》这本书，就是一个心理上的工房，里面放着与辨识关系、解读情感、个人成长有关的各种工具。也许你正面对大大小小与情感无能有关的问题，我想稍稍提醒一下，不管问题的大小与难易，你都应该有一个好工房，来做大后方。

叶壮，心理学者，中国心理学会（CPA）成员，北京社会心理联合会科普委员会副秘书长，《三联生活周刊·少年》《儿童时代》常驻专栏作者，著有《边游戏，边成长》《孩子的语言：语言优势成就孩子的毕生发展》《我想谈恋爱：科学脱单指南》等，译有《自驱型成长：如何科学有效地培养孩子的自律》《孩子如何社交》等。

目 录

前言 / 1

PART ONE

情感无能：

亲密关系障碍

第一章 完美先生、完美女士和朋友 / 3

罗密欧型：美好却短暂 / 4

印第安纳·琼斯型 ： 危险人物 / 7

外貌主义者 / 9

妈宝男与爹宝女 / 11

对某事上瘾的人 / 14

情感上的爱因斯坦：理性人的爱 / 18

镜中人：自恋者 / 20

老滑头：永不承诺 / 22

詹姆斯·邦德型：秘密与谎言 / 23

重返派对 / 28

第二章 为什么会出现情感无能 / 29

情感 / 情绪：四种基本类型 / 29

情绪从何而来 / 41

情感无能是如何产生的 / 42

PART TWO

爱无能：

情感类型如何影响关系模式

第三章 极度绝望：一厢情愿的爱情故事 / 71

第四章 害怕亲密：若即若离的链式关系 / 79

第五章 罗密欧与朱丽叶们：男人、女人和麻烦 / 87

第六章 大脑优于心灵：理性人的象牙塔 / 95

第七章 权力失衡：非输即赢的关系模式 / 101

第八章 冒险者：一段错误的边缘关系 / 107

第九章 “致命”秘密：真真假假的情感陷阱 / 115

第十章 情绪压抑者：避免任何情感接触 / 121

第十一章“是的，但……”：低自尊怪圈 / 127

第十二章 单向镜：双标的自恋者 / 133

第十三章“让我来帮你”：依赖共生的牢笼 / 141

第十四章　不良行为：不断重复错误的选择 / 147

第十五章　石头人与火箭人：因为彼此厌恶，所以在一起 / 151

第十六章　原生家庭：如何停止消极行为的延续 / 157

第十七章　情感无能测试 / 163

PART THREE

改变与成长：
如何正确地对待自己和他人

第十八章　情感定位：改变与成长的框架 / 169

情感定位的五个格子 / 171
情感定位的基本知识 / 172
格子中的其他联结 / 187
柯林斯博士的真言 / 192
实际应用 / 196
对质 / 204
界限 / 208
严禁问“为什么” / 210
目标与体系 / 212
情感责任 / 215
活学活用 / 217

第十九章　改变与成长的工具 / 219

内部反馈系统 / 219

状态依存学习 / 222

情绪与身体的联结 / 225

与他人联结 / 226

培养价值观和信念 / 226

建立信任 / 228

培养同理心 / 232

制定目标 / 235

卸下旧包袱：依恋、虐待、抛弃 / 238

选择心理治疗师，充分利用心理治疗 / 239

培养自尊心 / 242

第二十章　远离垃圾人，继续自己的路 / 247

人格障碍 / 248

真正有毒的 / 250

危险和警示信号 / 257

为什么我们会被坏人吸引 / 262

前　言

试想一下，你受邀参加一个派对，但到了派对那天，你突然意识到，你不确定这是什么类型的派对，以及应该何时到。你觉得自己足够聪明，只要尽力准备就好了。因此，你穿了一套中性风的休闲时装，于晚上七点现身。在门前的小路上，你听到了派对的声音：音乐、笑声、杯子碰撞声、开香槟酒瓶塞的砰砰声。你想："这个派对一定很棒！"你按响了门铃，派对主人出现了，脸上带着困惑、神秘的笑容……并且穿着燕尾服。

"你迟到了。"他说。

"我很抱歉。可你没告诉我派对什么时候开始。"

"我以为你会明白。"

"好吧，我很抱歉。可不管怎样，我还是来了。"你试着露出自信的笑容，但并不管用。

主人上下打量着你："这一点你或许有理，但你穿得不得体。"

你低头瞧了瞧自己休闲的穿搭，再看看他一身正装。"嗯，确实。但这儿离我家不远，我马上就去换衣服，很快就会回来，一小时内就能解决。"

趁着谈话间隙，你拼命在想衣橱里有哪些礼服，需要多长时间熨好。你算了下路上要花的时间，琢磨弄个什么样的发型才能配上要穿的衣服，如何不卸妆便能换个适宜的妆容。毕竟，这个派对看起来很棒。

主人摇了摇头："那样太迟了，晚宴估计该结束了，我还期待你能在主桌上坐我旁边呢。"

你的心情沉到了谷底。这是你唯一的机会，你却搞砸了！你在心里不停地吐槽自己的能力、智力和潜力，但脱口而出的是："说真的，我 45 分钟就回来，我会表现完美的。能不能再等一会儿？只要45分钟。"你无法想象自己会怎样赶来，但你非常想成为他的贵客。

主人摇了摇头："我不知道，但你打算带什么来参加晚宴呢？我和你说过，我非常喜欢你烤的千层蛋糕。我还以为你会给每位客人都带一个呢。"在他身后，仍传来阵阵欢笑声和音乐声；美食的香味一直萦绕在你的鼻尖。你还是觉得这是有史以来最棒的派对，一心想当他的贵客。"也许我能赶上吃甜点……这儿来了多少客人？"

这就是与情感无能的（emotionally unavailable）人相处时的感觉。你永远都不够好，永远没有资格加入派对。你会为某种明确的（通常是拐弯抹角、心照不宣的）信息所迷惑，觉得只是出了点儿小问题。如果你能解决这个问题，其隐含的承诺是，你将成为这个人的贵客，并赢得一个开门奖：爱。

但是，当第一个"问题"解决了，你会发现别的地方也有点儿"小问题"。而当你解决了这些小问题，其他问题又接踵而来。

派对主人无意让你或任何人成为他的贵客。他也没有能力让你成为贵客，甚至没有能力开门让你进来。他被困在情感无能的状态里。这意味着，一个人无法与他人建立内心深处的联结。令人深感不安和痛苦的是，你最终确信这是自己的错，想要通过让自己变得完美来弥补。如果不能弥补，说明你不够完美。让我明确地告诉你：

这不是你的问题，

你不需要弥补！

我是怎么想的？

你刚读了上述论断（论断是指对事物理想状态的真实而积极的陈述）和关于派对的比喻，然后对自己说：“这太明显了，我绝不会遇到这样的情况。”

但事实是，只有当你置身其中时，它才会显露出来。它不会从一开始就苛求完美。如果是的话，开场 5 分钟你就会离开。每个人都会被卷入情感无能的境地（我不喜欢用“关系”这个词来描述如此一边倒的事情），因为这个过程是微妙的、渐进的。需求是一点儿一点儿地往上加的，会让你慢慢地远离自己的权力基础，把控制局面的权力转交给那个情感无能的人。

这是理解情感无能的关键之一。得不到爱的人想要的不是爱，而是控制。情绪是不安全的；控制给人一种安全的错觉。期待和亲密之人建立情感联结是合情合理的。生活中的很多事情，都是我们基于对他人在特定情形下的某些行为的期待。我们会用期待来引导自己预测周围人的行为，想要弄清楚每一刻遇到的每一种情况。我们期待警察保护安全；我们期待医生治愈疾病；我们期待与伴侣有更深层次的情感交流。与他人相处时，这些期待会让我们产生一种特定的心态。

假设你在银行办业务，一名身穿警服的警察站在你身后，此时有人抢劫银行，你会根据自己的合理预期，也就是警察应该保护你和银行里的其他人来做决定。在这种情况下，当你得知“警察”竟是抢劫犯的同伙时，“警察”的背叛比抢劫对你的伤害更大。

如果你正在和某人谈恋爱，你期待这段关系随着时间的推移不断发展、深化；你期待建立并维持一种心灵上的契合。你在这一期待的基础上经营生活。一旦你的伴侣没有与你建立情感联结，你就会遭受情感创伤。这就是为什么这些关系如此令人痛苦。创伤的破坏性不止于此，它还会削弱你对自己的期望，以及建立联结的能力。虽然这看起来不合逻辑，但当事情不像自己期待的那样发展时，寻找自身的缺点是人类的天性。我们最终会因为这类关系而受到两次创伤：一次是由于失去和被放弃，另一次是由于对自己丧失信心。这就是为什么结束这类关系，会比结束一段真正成熟的关系要痛苦得多。仔细想想，我们本可以换种方式去对待。

本书导览

本书的目的之一，是向你介绍情感无能者的类型，当他们出现在你的生活中时，你就能立刻识别出来。这点会在第一章详细说明。

第二章，我们会看到人是如何变得情感无能的。我们还会探讨情绪、心态不同的沟通方式，这将帮助你在着迷之前辨识对方是否情感无能。

第三至十六章主要讲述了第一章提到的情感无能者在恋爱中的具体表现。其中有一些自检表和小测验，可以教你识别这类人，还有一些工具可以帮你理解自己是如何迷上他们的。

第十七至十九章旨在提供一些工具，帮助你改变与人接触及交往的方式。当你在日常生活中运用这些时，你会吸引其他具备爱的能力的人，并与之建立关系，因为你拥有爱人和被爱的能力。

第二十章可以帮助你识别比情感无能者更有害的“垃圾人”。你将懂得如何辨识这类人，以及如何摆脱和远离他们。

我希望，通过阅读和使用本书，你能学会放下那些情感无能的人，并找到真正值得你爱的人。

PART ONE

情感无能

：

亲密关系障碍

第一章

完美先生、完美女士和朋友

据我所知，每个人在生命过程中的某一刻，都曾与情感无能的人有过交集。这种不健康的人际关系可能在任何时间出现——有些人在十几岁时便遇到了，有些人则在很久以后。

我认识一些不幸的人，他们总是与情感无能的人产生关系！这些可悲的人似乎不明白，自己为何总是陷入糟糕的关系中。他们不曾意识到，这其实是一个选择的过程，也是一个学习的过程。

有一条古老的经验法则是，人们所选择的伴侣会让他们想起自己与父母之间存在的最不可调和的问题。事实证明，确实如此。它也会导致一个人一次又一次地选择同一类型的恋人。虽然恋人的外在特征可能不同，但内在的情感状态是相似的。学习过程的部分作用就是，让你识别出过去所选的那种情感无能的人。这就给了你一个指引，去弄清楚哪一类人会让你觉得如此熟悉，且一再诱惑你。

让我们来看看一些情感无能者的人格类型，这些虽不足以囊括所有，但主要类型都包含在内了。我们需要认识到，行为表现按从正常到极端划分，人格类型也大致相同：从温和到难以忍受。当然，可接受的程度因人而异。

同样值得注意的是，人是可以改变的，几乎没有什么是一成不变的，除了两种人格类型外，每一种人格都有成长和改变的潜力。这不光要付出努力，有时还需要借助治疗，甚至取决于本人能做出多大的改变。如果他坚信这足够重要，改变就会发生。

那么，哪两种人格类型不可以呢？请继续往下读。

罗密欧型：美好却短暂

浪漫的场景：背景音乐是巴里·怀特的深情吟唱，灯光昏暗，空气中弥漫着玫瑰的芬芳。

第一周：“宝贝，你是我见过最美的女人。甚至一见你，我就想将你拥入怀中。”

你遇见了“罗密欧”，发现自己被迷住了。甜蜜的电话、可爱的卡片、各色各样的鲜花，还有特别且贴心的款待。当你们在一起时，你就是对方世界的中心。

第二周：“我简直无法想象，没有你，我要怎么活。”

你情不自禁——某一瞬间，你知道，就是那个人了。你觉得，每首情歌都是为你而写；每一部爱情片都在讲述你们的故事；言情小说家一定藏在你家的橱柜里，把你俩的一言一行都写进了书里。

第三周：“我无时无刻不在想你。你让我工作时心不在焉，因为你，我无法集中精力。我只想和你在一起。”

你开始规划未来。像“我们的”和“我们”这样的词，会让你喜不自胜、畅所欲言。婚礼的钟声遥远地回响在你的耳边。你的朋友们已经听厌了你口中的完美恋情。

第四周：“对不起，我现在无法接听您的电话。请留下号码，我会再和您联系。”

第五周：“对不起，我现在无法接听您的电话。请留下号码，我会再和您联系。”

第六周：“对不起，我现在无法接听您的电话。请留下号码，我会再和您联系。”

突然之间，一切都消失了。没有一句“请原谅”或“去死吧”，一切戛然而止。没有争吵，没有沟通，没有意外事故，更没有葬礼。罗密欧就这么不见了。你不停地胡思乱想，为对方编造一些疯狂的场景，比如车祸后失忆。每当电话铃响起，你就手忙脚乱地扑身去接。你为自己做了什么而苦恼，你给前几天还能打通的电话号码，留下了绝望的、令人反感的、不会被答复的信息。然后，你会难过。最后，你甚至可能会愤怒。

你可能等不到一个答案，即使后来你碰巧遇到了罗密欧，你所得到的，不过是看似热情、实则敷衍的寒暄，以及对你的问题的刻意回避。

在你完全自怨自艾之前，让我们花一分钟来剖析下这段“关系”。从一开始，这段感情吸引你的就只是联系的强度。这感觉深刻而真诚，但部分是因为罗密欧始终关注的是你，对大多数人来说，这的确是一种不同寻常的体验，令人沉醉。

因为焦点始终在你身上，所以你对罗密欧了解得不多。任何关于对方的问题，都自然而然地被回避或转化为与你有关的问题。这种回避对罗密欧很有好处，因为他从中掌握了你的大量信息，知道你想要什么、喜欢什么、相信什么；罗密欧会利用这一点进一步拉近你们的关系。作为回报，罗密欧得到了爱慕、浪漫和满足——更不用说追求和征服的刺激——多么绚烂夺目的爱啊！

这类人对枯燥乏味的现实不感兴趣。如果有任何重复或熟悉的迹象出现，比如你急着追问罗密欧对某事的感觉，对方心中的警报就会响起，也就是说，罗密欧要开始寻找新的征服对象了。还记得你听到的婚礼的钟声吗？那是警报响了。

罗密欧并没有在这段关系中投入感情。你感觉到的，是与你自己的联系，因为罗密欧将他的注意力，以及你自己的注意力全都聚焦在你身上。这是一种单方面的关系，虽然感觉上不是那样，因为大多数人都对自己成为他人关注的中心感到万分感激和荣幸，却没有意识到这一点——有时甚至要等到多年以后才明白！

感激和奉承不能代替爱情和真正的情感联结。正因为如此，你才会有种被抛弃的痛苦。从本质上说，你好像被自己抛弃了。与此同时，在这段关系中，罗密欧在情感上始终遥不可及，所以当这段感情结束时，他并不痛苦，也没有被抛弃的感觉。相反，罗密欧开始寻求新的刺激，另结新欢。

为什么会有人这么做呢？虽然真的很刻薄且玩弄了别人的感情，但这种行为的源头是悲伤和空虚。像罗密欧这样的人已经麻木了，甚至连自己都疏远了，以致他们不可能与别人产生任何真正的联结。

当你用一整盒面巾纸擦眼泪，吃完一大桶冰激凌后，重要的是提醒自己，这不是你的问题。你只是被当成一件珍贵的物品，一旦拥有了，就不再值得珍惜。

被物化（被当作一个物体对待）是虐待关系的特征之一。这是不对的，也不是件好事，你不应该得到这样的对待。真正的治愈，源于自己走出困境，也源于认清自己在这场遭遇中习得的教训，或者是你完成了在你看来不可能完成的事。在你从罗密欧留给你的阳台跳下之前，看完这本书，吃完冰激凌，试着记起自我感觉良好是多么棒的体验！这是罗密欧留给你的最好的礼物。

印第安纳·琼斯型：危险人物

从阿尔卑斯山上袭来的狂风几乎淹没了他的话，但你仍隐约听见："这里太美了……这感觉好极了……肾上腺素飙升的感觉就像恋爱了。"

你经常在刺激性的活动中遇到印第安纳·琼斯[1]型：他可能是滑雪教练、悬崖跳水者、赛车手。他的言谈中尽是异国风情和惊险刺激的经历。"只要为了好玩"，没有什么是他不会尝试的。他也可能身穿制服，是一名警察、消防员、飞行员……沉着、冷静的救援者无论面对什么，都能保持头脑清醒。他还能保持心律平稳、情绪平和！

当他向你述说这些光辉事迹时，他为你带来了源源不断的肾上腺素。有时候，你甚至会发现自己跟着他从绝对安全的机舱内走出，在一条危险的雪道上滑行；或者潜入有鲨鱼出没的暗礁底部，却不知道自己是如何到达那里的。肾上腺素就是印第安纳的一切。你俩单独在一起时，他只会滔滔不绝地说着自己的经历，像高空跳伞、逮捕坏人、灭火救援等。罗密欧的焦点都在你身上，而印第安纳则

1. 印第安纳·琼斯是《夺宝奇兵》系列电影的主角，他喜欢探险，是一个大胆的冒险家，还是一个博学多才的考古学家。——译者注

完全专注于各种刺激的活动。他把自己塑造成了主角，但都是单人行动，没有互动情节。

只要你一直做他的观众或支持者，为他惊叹，你们之间的关系就会延续下去。但是，如果你想从他身上寻求任何情绪价值，或尝试和他分享惊叹以外的情绪，他就会离开你。当肾上腺素消失时，印第安纳就消失了。

那么，为什么你会被印第安纳吸引呢？刺激其实来自肾上腺素和激动人心的事件。但由于事件和当事人密不可分，当事人也成了事件或行动的刺激源。印第安纳可能从小就习惯了这种生活方式，当时的他会因为某些所作所为受到赞扬，而在父母和同龄人中引起强烈的反响。这不是因为他是谁，或者会做出一些惊人的特技，突然间，他就站在了聚光灯下。他不必做出任何情感上的联结或承诺，不必承担任何情感上的风险，也不必展露自己的脆弱来博得关注。

回忆一下，高中校园里的运动达人，由于体育方面的成绩，无须多少心力就能获得许多关注。我不是说每一位运动员都是印第安纳型的人，但很多印第安纳型的人都是体育明星，他们的职业生涯随着退役而结束。当聚光灯熄灭后，他们会以另一种方式重新成为焦点。有的会去参军；有的会加入帮派；除此之外，有的还培养了危险系数较高的兴趣或爱好——攀岩、水肺潜水、白水漂流。以上所有情境传达的信息是：印第安纳型的人的价值来自他所做的事，而不是他是谁。你会发现，在他所选择的活动中，没有任何探索情感的动力，甚至还可能存在抑制因素，因为这样一来，他就不会变得脆弱，而在他看来，硬汉是不会脆弱的。

当你最终厌倦了冒险故事，想要更多的情感联结时，印第安纳会搭乘下一趟航班，开启下一段冒险之旅。

就像并非所有的运动员都是印第安纳型的人，也不是所有的潜水员、蹦极爱好者、警察、消防员等，都是印第安纳型的人。热爱某项运动或有些刺激的爱好，并不妨碍一个人建立情感联结。但印第安纳的问题在于，以运动或活动取代了真正的情感联结——在他看来，活动就是联结。

罗密欧悄然离去了，印第安纳也忙着忙着就消失了。他确实越来越忙，但这一切与你无关。他可能会去冒险，或者参加一项你不感兴趣的新活动，或者找到一群新的冒险伙伴。一旦要他给出承诺，他就忙得应接不暇！

对于这次分手，你无须再狂吃冰激凌来缓解痛苦了，而是要去旧货市场将潜水装备或滑雪靴全部清理掉。因为这段关系与特定的人无关，反而与活动有关，最后与其说是痛苦，不如说是肾上腺素的消退。然而，这类人在我们生命中留下的印记，让我们尝到了刺激的滋味。这种余波很危险，因为它会把你引向另一个印第安纳，你可能会再一次坐上危险男（女）人的过山车。

振作起来！你可以试着和其他人相处，比如那种爱看电影和吃麦当劳的人。关键在于，建立真正的情感联结。

外貌主义者

外貌主义者希望自己神似小约翰 · 肯尼迪，形似克劳迪娅 · 希弗，貌似辛迪 · 克劳馥，或者酷似布拉德 · 皮特。印第安纳型的人靠的是刺激指数，而外貌主义者则依赖自己的外在魅力来让人着迷。二者的潜在动力大体相同。外貌主义者自幼就领会了这样的信息：

美貌是最好的资本，比自己的任何付出都要好——这是一个可怕的信息——他们会以不断开发美貌作为目的。他们学到的是，有一个被自己的长相俘获的爱慕者，这样的情感风险是偏低的。他们不用付出任何东西，就能让你产生情感联结的幻觉。

“你觉得我穿这件衬衫怎么样？”

“看上去棒极了！超适合你。”

“我的发型还好吗？”

“看起来很棒。我觉得这个发型最好看。”

“我只喝依云矿泉水。”

“我给你拿些过来。”

“我想学骑马了，我觉得我骑马的样子会很好看。”

从第一次接触开始，你在这段关系中的角色就被明确定义了——你负责赞美和崇拜。当外貌主义者沐浴在聚光灯下时，你的工作就是去衬托他和赞美他。

从某种意义上说，这是另一种形式的物化，但这次被物化的对象是外貌主义者，而且，这是他自愿扮演的！这一点对理解外貌主义者的自尊有多低非常关键。如果你认为自己唯一的价值就是作为一个战利品或一件摆设，供人欣赏，那就是在自我伤害。所以，扪心自问：如果我和一个主动物化自己的外貌主义者建立联结，那我是一个物化他人的人吗？

问得好！这正是物化问题的核心，因为这种自愿被物化的做法，使得对方也成了被物化的对象。换句话说，当外貌主义者在自我伤害时，他同时也在伤害你。这是一个两败俱伤的局面！

爱慕之情需要一段时间才能退去，但最终，滤镜会消失，你需要的是发自内心的东西。可你得到的却是更美的容颜。美貌没有错，但当你的心需要呵护时，美貌不能代替情感。

有时候，外貌主义者会引来不怀好意的猎手。二者是相互寄生的关系，且在情感方面都无法得到满足，但却能在日程上保持一致，所以我们不打算关注这一组合。不妨把他们当成情感无能的二次方吧！

被外貌主义者的美貌吸引的人，与因肾上腺素的刺激而选择印第安纳的人，得到的快感是不同的。前者还会产生自豪感和成就感；他们从不会错过伴随而来的欣赏和嫉妒。然而，别误会，就像热爱运动的人不都是印第安纳，好看的人也不都是外貌主义者。其中的区别在于，外貌主义者与任何试图建立联结并进入他们生活的人，保持着情感上的距离。与整个世界保持距离，这听起来挺孤独的，不是吗？

与外貌主义者的分手是痛苦的，因为它打击了你的自尊。如果你一直因为成为这类人的伴侣而感到兴奋，然后突然间你被取代了，那你就必须做一个情绪非常稳定的人，且以自我为中心，只有这样，你才不会怀疑分手是因为自己不够好。但这种做法会将你引上一条非常崎岖和消极的道路，你应该尽力去避免它。要记住，爱情和美貌不是一回事，虽然这很难，但这会帮助你避免陷入消极的反思。通过一些积极的自我对话、多次的现实检验，以及善用情感墨镜来遮挡聚光灯的强光，才能与他人开启真正的心灵对话！

妈宝男与爹宝女

“呃，我妈妈不用我说，就知道我想要什么。你为什么就不明白，为什么总要我告诉你我需要什么呢？”

“如果我爸爸觉得我不开心，他会给我买很多东西，让我心情好起来。你会为我做什么呢？”

他们从小就坚信自己无所不能。父母给了他们一切——除了情感上的联结。当你和妈宝男或爹宝女开始一段关系时，你就会被赋予很高的期待，甚至取代对方父母的角色。但这种期待会带来很多问题。

首先，对方父母不太可能愿意放手。相反，他们期待你加入这赞美的行列，但只是作为一名编外人员。你就像一颗卫星，天天围着他们旋转。当你的爱被拿来和对方父母的爱比较时（结果通常对你不利），第二个问题就出现了。对方常常会以物质或金钱（如“我爸爸会给我……”），或者无底线的接纳（如“我不知道你为什么生气，我妈妈从来不这样……”）来衡量一切。

这里顺便说一下。我们似乎对无条件的爱／接纳（可取的）和无底线的接纳（异常的）之间的区别感到困惑。无条件的爱／接纳意味着：“我爱你，是因为你存在。我接受真实的你。然而，你必须堂堂正正做人，否则你会自食其果。”无底线的接纳则意味着：“我知道他不应该随便找人睡觉，也不应该偷东西，更不应该吸毒，但我不想让他承担这一切的后果。他需要治疗。这是社会的错，是他老师的错，是他心理医生的错。你们一点儿也不懂他，他是独一无二的！”

他可能有很多缺点，但他绝不是个傻瓜。他很快就明白了：“我是独一无二的。规则对我不适用。如果我受到惩罚，妈妈会替我摆平。”大多数小学老师都能告诉你这种教育方式的不良影响，因为他们毕竟常年和熊孩子斗智斗勇。我和同事在临床中“修复”过很多这样的问题少年，他们从小就认为父母会为他们摆平一切。

要想生活在这个世界上，要想与人建立关系，我们不仅需要秩序，也需要懂得某种道理，即一旦破坏秩序，后果不堪设想。当你爱上一个从不为自己的行为买单的人，你就得接手对方父母的角色，替他摆平一切。

当你试图建立秩序时，这种关系会变得更加混乱。假设你明确表示，你所期待的关系是彼此专一、互相忠诚，而你的伴侣却被其他人吸引。你认为他会尊重哪个决定：是你对专一和忠诚的期待，还是他自己的快乐呢？你觉得他会对你的痛苦、愤怒、生气，或者任何可能造成的后果做出什么反应？

“我妈妈就不会……”

“我要回家找爸爸了！”

由于妈宝男和爹宝女受到父母的过度保护，免受所有的潜在痛苦，因此也不会吸取教训。他从未真正了解自己的感受。在他的嘴唇还没有颤抖前，亲爱的父母就已经为他消除了痛苦。

和一个失去自我感受力的人相处，是没有好结果的。更糟糕的是，最初的守护者仍潜伏在周围，一旦被守护的对象出现任何疼痛的迹象，他们就会立刻扑向痛苦的源头，也就是你，并将他们的小宝贝再次拯救出来。

在和妈宝男或爹宝女的相处中，你的情感投资可能会得到负回报。这就导致巨大的挫败感。如果你要求对方停止这种情感循环，或暗示对方任何行为都会产生后果，或对对方的言行表示不满，你们的关系就会戛然而止。这次结束如狂风暴雨般轰轰烈烈：受挫的孩子会大声哭喊，他的哀号很快就会得到父母的回应，并在他们的百般呵护下持续加强；你会遍体鳞伤，一片茫然，你合理的期待彻底破灭了，你开始怀疑自己以及自己秉持的信仰体系。

这确实是妈宝男和爹宝女的悲哀，可对你来说，却是个好消息——他们不会吸取教训，但你会从低迷中逐渐走出。

对某事上瘾的人

说教预警！在深入探讨这个话题之前，我先花一分钟发表下看法，我不赞同当前的理论，即“凡事皆有瘾”，即便它主导了许多疗法。我认为应该对“成瘾”下一个非常狭窄的定义，它只包括对某种物质的身体依赖。在我看来，一个人对其生活经历的消极选择或行为反应并不算是成瘾。把消极的行为选择称为成瘾，其实是把解释和负责混为一谈。

解释和借口不是一回事。人们需要对自己的行为负责，包括所有的错误。每个人都偶尔会做出错误的选择，但你要从经历中成长，并试着不再犯同样的错误。

人们往往会以“凡事皆有瘾”为借口去解释错误，而不承认自己的行为。“这是一种瘾，我对此无能为力”，这真是无稽之谈！请担起属于你的责任，坚定你的选择，并让自己强大起来。好了，说教结束。

“瘾君子”是指那些只专注于某一行为而忽略了其他事情的人，包括他们的人际关系；同时，他们期待你对他们及其痴迷的对象无条件、绝对的奉献。这种期待帮助瘾君子无须付出太多就能控制你。

明智的判断来自经验，
而经验往往源自错误的判断！

另一方面，你会得到一个明确的信息：如果你把每件事都做得尽善尽美，你可能会得到你所希望的爱的联结。但这种做法有很多问题：瘾君子得到了他想要的一切，却不用付出任何东西；他无法像承诺的那样与你建立爱的联结，因为他只专注于某一行为。因此，与他关系最密切的，就是他所痴迷的行为。

这一点很重要。对于瘾君子来说，痴迷对象是主要的情感焦点。这就意味着，你永远不会成为他主要的情感焦点。那个位置已经被占了，并且是永久的！当备胎可不是一件令人开心的事。我的朋友康妮·戴就这个话题套用了莎士比亚的话："地狱里的哀号抵不上备胎女撕心裂肺的哭号！"[2]

为了方便讨论，我将用"成瘾"和"痴迷"这两个词来描述"反复的行为选择所映射的成瘾源"，这样会简单得多。但这并不意味着我要放弃前面的说教！

瘾君子分为两类：行为成瘾者和物质成瘾者。

这两者之间有一些共同点：第一，对成瘾源的过分关注压倒一切。第二，成瘾症状很少在初次接触时暴露出来。直到你对他有了更深的了解，他的症状才会显现，可那时你已经深陷其中了。第三，痴迷消耗了大量的精神和情感能量，几乎没有精力留给其他事情。

让我们先来看看行为成瘾者。比如工作狂、购物狂、暴食者、运动狂等，都属于这一类。我指的不是那些喜欢做某些事情，或者真正享受自己爱好的人。这里简单地说一下，所谓爱好，是你喜欢做的事情，且会和兴趣相投的人分享，但它不会控制你的生活。而说到瘾君子，我指的是那些一心沉浸于自己痴迷之事的人。与这种

---

2. 莎士比亚的原句："Hell hath no fury like a woman scorned."该句意思是，地狱烈焰不及被愚弄的女人的怒火。——译者注

人聊天，要么所聊的内容与痴迷之事有关，要么被引向痴迷之事，要么就不会发生谈话，因为他正专注在自己痴迷的事情上，根本不会搭理你。

以工作狂为例——这其实适用于所有的行为成瘾者，只是形式有所不同。工作狂不分男女。这类人每天都在工作，不是在办公室，就是在家里，或是在路上。他们空闲的时候，依然满脑子都是工作，或在打电话，或在发传真，或坐在电脑前。如果你问他们是做什么的，你得到的要么是含糊其词的回答，因为他们觉得自己的工作太复杂，你无法理解；要么是一大堆晦涩难懂的信息，旨在让你眼花缭乱。无论哪种回答，都透露出他对工作的热爱。

同时，这也展现出他的专注。而如此专注的人身上有一种魅力，这种魅力会让你错误地认为：你能够分散这人的注意力，并让他把同样的注意力放在你身上。你可能没有意识到这一点，但它确实存在。

构成魅力的另一个要素是权力暗示。你可能会想：如果一个人必须无休止地工作，他一定很了不起！这可未必。工作狂确实更有可能是中层管理者、试图打破天花板的强人、宣扬“要么工作要么死”的人；但或许这个人不得不做这些繁重的工作，真的是因为他欠地球上每个人的钱！

行为成瘾者完全痴迷于自己所选择的行为，这就意味着，你只能屈居第二。在短时间内，有望成为一个处于职业上升期的工作狂的第二选择，可能是很诱人的，因为你看到了潜在的经济回报和赞誉，你享受着身为其中一员的感觉。但是，金钱和赞誉并不能代替存在和爱情。支票簿可算不上什么温暖的拥抱！

“我们可以去拉尔夫和朱迪家吃晚饭。你觉得要带瓶酒吗？”

“我敢肯定，他们家有酒。”

“你觉得他们家的酒够吗？”

第二类是物质成瘾者。如果你和一个酗酒或吸毒的人（这是“瘾君子”一词的本义）在一起，这场爱情角逐会对你极其不公平。当你读到这里，请相信我：对物质成瘾者而言，世界上没有什么比酒更重要的了。真的是这样，没有例外。

当然，瘾君子不会承认这一点。他会告诉你，你是他世界的中心。只要你继续满足他的“瘾”，为他提供成瘾物质，你就会得到这个信息。但如果你对他加以限制，处处严防死守，拒绝以任何方式支持这一有害行为——无论是情感上、经济上，还是行为上——突然之间，他世界的中心就会转向“瘾”。然而，在你加以限制之前，你对瘾君子的消极行为的贡献，会使你们的关系继续保持下去——当然，你的位置排在“瘾”之后。

如果你正和一个物质成瘾者在一起，有两件事绝对不能忘记。它们是绝对真理，是永恒不变的：

1. 在成瘾物质面前，你永远居于次要地位。
2. 你不只现在做不到，以后也不可能让瘾君子做出改变，让他戒掉成瘾物质，以负责任的方式行事，或者以你应得的方式对待你。

“你无法得到根本不存在的东西。”让这句话成为你的口头禅吧。每当你有一种冲动，想通过维持瘾君子和成瘾物质之间的关系来赢得他的爱时，就念出这句话。

作为一个行为成瘾者或物质成瘾者的支持者，你被赋予了某种期待，即你为对方的痴迷之事或成瘾物质所做的牺牲，应和对方一样，而且不存在任何互惠的可能性。如果你向对方指出这一点，你可能会失去排在第二位的资格，或者被指控不忠（大多数物质成瘾者都是以这种理由抛弃别人的）。你很少碰到过这样的威胁，于是学会了不去反抗自己在这段关系中的命运。一旦你找准了自己的定位，瘾君子更不可能在你身上花费时间和精力，因为现在他可以“指望你在那里”，也就是“把你对他的好，当成理所当然”。当你最终无法忍受自己只是他的情感世界里的一小部分，并结束这段关系时，你将会一个人背负着悲伤和痛苦，因为瘾君子仍然拥有属于他的“亲密关系”，什么都没有失去。

促使瘾君子这么做的核心动力是，他们与一个没有情绪的迷恋对象陷入了一段关系，他们相信只要自己足够努力就能得到它。这听起来是不是很熟悉？这就是情感无能的层层“套娃”。

情感上的爱因斯坦：理性人的爱

“查尔斯，你觉得我怎么样？我们已经在一起 6 个月了，我想知道我在你心里的位置。”

“克拉丽莎，我觉得我们有很多共同的目标，而且非常契合。你很聪明，我很开心和你在一起。”

“我同意，但你觉得我怎么样？”

“我觉得你很迷人——非常迷人，非常讨人喜欢。”

“谢谢。但你觉得我怎么样？”

“我觉得你有很多优点。我认为你会成为一位出色的妻子和母亲。”

“谢谢。但我想知道的是：你觉得我怎么样？”

“克拉丽莎，我不明白你的意思。你还想听什么？我已经告诉你我的感受了！”

爱情不是智力训练，情感联结也不是通过大脑进行的。你必须有大脑才能建立情感联结，但大脑不是心动的关键所在。

理性人会觉得：“没有什么东西可以用心去感受。人的心脏没有表达情感的能力，因为它主要由肌肉组织构成。”这就完全没搞清楚重点。

理性人的特点是，他们有惊人的能力，能把一切都用理性的语言表达出来。对理性人来说，要想体验任何东西，就必须对它进行分析、剖析、量化、限定、分类，再整合到一起。情绪并不能很好地完成这些事情，所以理性人把情绪排除在外。

“我爱你。”

“你的意思是浪漫的爱还是普通的爱……”

简而言之，就是这样。

和理性人在一起，意味着没有什么是不需要分析的。理性人对待任何事都会仔细计划、全面评估，不存在情绪上的意外。即使在最情绪化的时刻，也会小心控制，这样就不会失控，变得情绪化。对于理性人来说，思想是唯一安全的，情绪是动荡的、不可预测的、无法控制的，因此必须不惜一切代价加以避免。

如果你想要体验那种汹涌澎湃、不可预测、无法控制的情感，并把它强加到你的“爱因斯坦”身上，他会像被车头灯照到的鹿一样僵住，然后疯狂地冲回安全、可控的理性世界。只要你不强求一种情绪化的、非理性的关系，只要你按理性人的节奏行事——一种循序渐进的步调——从人生的一个阶段到另一个阶段，一切都会合乎逻辑地进行。

这种情感模式适用于许多人。如果你也对此适应良好，并且可以在无人分享的情况下度过人生中最激动人心的时刻——你的婚礼，孩子的出生，一场无与伦比的日落——那么读到这里就可以了。然而，如果你需要生活中的情绪价值，而你正和一个理性人交往，那你只好自给自足，因为他给不了你太多的情绪价值。你可以要求理性人在情感上有所付出，他也会试图给你，但这只是一种智力训练，而不是发自内心的。

当你最终对大脑感到挫败，需要心灵的慰藉时，理性人却无法提供这些。分手的时候，双方都会流下伤心的泪水。你会流泪，是因为你得不到真正需要的东西；理性人会流泪，是因为他无法理解你没有得到的是什么。然而，即使是分手，也会被理性化，因为理性人试图弄清楚发生了什么，并进行弥补。

情感不能被分类、衡量、评估、量化和分析。它们无法弥补，因为它们没坏！

镜中人：自恋者

我有个朋友叫皮特，是个自恋者。当我和皮特互不相识时，如果某天在电视上看到一场可怕的空难事故，我会想："这太惨了！悲剧发生后，可怜的遇难者家属还要处理善后。"当我认识了皮特后，如果看到同样的事故，我发现自己在想："这太惨了！我希望皮特不要为此而难过！"

自恋者之所以会对你产生这样的影响，是因为他们坚信宇宙的中心就在他们眼中，他们还希望你能毫无疑问地分享这一信念。

就像所有其他的人格类型一样，自恋型人格也有轻重程度之分——从轻微冒犯到有害。其中有一种特殊的自恋者，极具掠夺性。

遇见这种人，你无论如何都要避开。他们是人形鲨鱼，无法感知任何东西，也不与任何人建立联结。想要了解更多细节，请参阅本书的最后一章——《远离垃圾人，继续自己的路》。本章讨论的是更为常见的自恋者。

自恋者有一种浮夸的气质——在他们眼中，他们是特别的，只有同样特别的人才能真正理解他们。但因为他们觉得世上没有人比自己更特别，所以除了自己，没人能真正理解他们。自恋者倾向于夸大自身的成就，低估面临的挑战。他们还有一种过度的权利意识：你不仅亏欠他们想要的一切，而且你应该乐于给予。再加上自恋者缺乏同理心，无法感受他人的痛苦，因此，你爱上的是这样一个人：他根本不会向任何人伸出援手，却希望每个人都能向他伸出援手。

与自恋者在一起充满了挫败感，因为无论你做什么，都会被对方认为不够好。当你因对方的每一次否定而痛苦时，新的要求又层出不穷，可你却无法充分满足；更不用说你自己的需求，它们都被封存了……

演艺界有句老话：你永远无法保证下一场表演如何。你与自恋者的关系正是如此。

所以，自恋者的迷人之处在哪儿？首先，无比自恋的人因为一开始看起来很自信，而自信的人总是自带光环，所以会很有吸引力。但是，真正自信的人会与他人分享自信。与真正自信的人交往，你也会变得更加充实。因此，真正自信的人享受的是赋予你力量，而自恋者专注于增强自己的力量，并以寄生的方式从你身上汲取能量。其次，这种迷人的感觉源自一种错觉，即你是这世上最独特而美好的存在（自恋者眼中的自己）的伴侣。你获得的是让自恋者自我感觉良好的满足感，而对方的这种状态需要你不断去维护。

如果自恋者觉得自己没有得到持续的关注，就会离你而去。你收到的强烈信号是，一旦你赶不上他搭乘的那趟列车，你就会被抛弃，他甚至不会回头看你一眼。自恋者会选择那些天生喜欢取悦别人的人，于是被抛弃的威胁会刺激取悦者产生一连串的补救措施。这是自恋者的一种操控手段。当你终于厌倦了取悦自恋者、满足他的每一个需求，却得不到欣赏、认可，也无法建立情感联结时，你会感到非常挫败和自责。你觉得自己不够好，无法拥有一段真正的感情，这其实是自恋者植入你脑中的魔咒。

振作起来面对现实，在治疗和时间的帮助下逐渐走出来。治疗的一部分就是删除魔咒。危险在于，在彻底删除魔咒前，你很容易因另一个自恋者重蹈覆辙。

如果你厌倦了当别人的镜子、发出赞美的声音，却得不到任何回应，那就开始进行积极、有力的自我对话吧——这是盖过自恋者的魔咒的唯一办法！

老滑头：永不承诺

“我不知道自己是否准备好了做出承诺。”

“婚姻是______发明的过时制度。”（可以填：老年人、传统社会、保守派、父母，等等。）

“我认为我们应该继续过自己的生活。即使我们住在一起，我也不想彼此牵扯太多。”

啊，这就是老滑头的求偶声——这类人从不对任何事情做出承诺。就算有，也不是你想要的。老滑头会主动靠近你——他会搬来和你同住，共用支票簿，他甚至可能会和你有一个孩子，但他绝不会给你任何承诺并信守诺言。

在未来的某一天，当某些条件满足了或某个目标实现了，你可能会得到一个毫无诚意的承诺，而这可能不是老滑头的实际打算。换句话说，在你得到你想要的东西之前，魔鬼许下的承诺都能组建一支足球队了。

与此同时，你被期待的磁力牢牢地吸附在这段虚幻的关系上。老滑头许下的遥不可及的诺言，成为你关注的焦点，因为你认为只要达成了那些条件，你就能得到你想要的东西。如果由于某种意外，老滑头真的达成了那些阻碍他兑现承诺的条件，那么新的条件又会出现。当然，在承诺得以兑现前，新的条件必须全部达成。

这时，你就会受到来自魔鬼的绝杀！

你迷恋的是一种美好的可能性。但你该怎么脱身呢？你要设定限制，要求老滑头在给定的时间内兑现承诺，还要做好他会随时离开的准备，因为这类人无法忍受纯粹的期待、明确的限制，以及成熟的伴侣关系。

要想从这场失恋中恢复过来，你需要重建对他人和自己的信任。这样你就能摆脱那支“足球队”了！

詹姆斯·邦德型：秘密与谎言

“瑞克，珍妮弗是谁？”

“哪个珍妮弗？”

“是我先问你的。我在你的裤子口袋里发现了这张纸条，是一个叫珍妮弗的人写的，感觉她好像认识你。”

“你偷看我的东西干什么？”

“我没偷看。我在帮你洗衣服。珍妮弗是谁？”

“她就是个女的……”

“哪个女的啊？”

“你为什么要烦我？你不相信我吗？你到底怎么了？”

他从不告诉你他住哪儿。他只会给你一个电话号码。他对自己的过去、朋友、工作和背景讳莫如深。你和他结婚一年后，发现他以前结过婚，他有一个情妇，你无意间找到一张连你也不清楚的信用卡账单。

生活在秘密和谎言里的人，是很难建立情感联结的。一方面是因为秘密形成了一堵墙；另一方面是因为保守秘密需要耗费大量精力，而这些精力本应该用在维系亲密关系上。

詹姆斯·邦德型的人最能保守秘密，擅长对另一半隐瞒信息。有时是因为他们相信秘密带给他们力量或是一种神秘的兴奋；有时是因为秘密曝光会导致感情破裂，他们将得不到自己想要的东西——这正是最初保守秘密的原因。

当你和詹姆斯·邦德开始一段恋情时，你最初可能会喜欢这种神秘感。这挺刺激的，因为你不知道他什么时候会突然出现，带你去开豪车或私人飞机，然后又突然消失。

然而，随着关系的深入，可预见性对你来说变得越发重要，也更有吸引力，但詹姆斯·邦德可不想为你对延续关系的合理预期所困。

隐私和秘密的区别

隐私是指那些与自身有关的特质、事实、信仰和观念。它们可能包括私人的幻想和白日梦、对世界运作方式的感受，以及精神信仰。凡是个人隐私，不管是有意还是无意间透露的，都会让别人对当事人有所了解。

秘密包括那些在情感、身体或经济上对他人有潜在负面影响的信息。凡是秘密，不管是有意还是无意间泄露的，都会给当事人及其周围的人造成巨大的混乱或伤害。

隐私：我相信转世。

秘密：我有一个妻子和一个情妇，彼此不知道对方的存在。

隐私：我高中成绩很差。

秘密：我伪造了我的医学学位。

你开始四处窥探。趁着被邦德独自留在公寓里的一会儿工夫，你的手指下意识地向储物箱或桌面摸去。你恨自己的所作所为，但你停不下来。账单、信件、带有电话号码的碎纸片——一大堆没有附带任何说明的信息。你想要寻找的，是邦德生活中那些你无从知晓的缺失片段。问题是，你没有任何线索可以串联，织成一张真实之网。你所拥有的只是没有意义的碎片。

或者，更糟糕的是，你确实发现了一些东西：一封令人窒息的情书，但不是你写的；一张性感卡片，但不是你寄的；一张照片，但上面的人不是你。现在你要做什么？虽然有信息在手，可你将面临一个全新的难题——为了让邦德知道你发现了这些东西，你必须承认自己一直在窥探。于是，邦德有了一个完美的应对方案：他可以因为你的窥探而生气，日后也不必承认其余的一切。

另一种情况是，你彻底失去了信任的能力。和一个你不信任的人在一起，根本就不是恋爱。这会削弱你对自己的信心，逐渐破坏你的自我意象，让你变得更脆弱，更加不自信——你觉察到自己陷入了一种螺旋式下降的状态。

与此同时，詹姆斯·邦德并没有做出任何改变。秘密和谎言还在继续，否认和声明充斥其间，他一再表示自己所言皆实，或者对你竟然会怀疑他感到非常愤慨。

詹姆斯·邦德分不清什么是真实，什么是坦诚，这使得信任不堪一击。可悲的是，即使他完全改变了，由于过去的经历，你仍然很难再相信他。所以，你变得越来越多疑，越来越没有安全感，而对方继续以自我为中心，并相信自我需求的满足高于一切。

真实和坦诚之间的区别

真实是经验性的、可证实的事实。例如，你的银行卡余额、今天的日期、结婚与否。

坦诚关乎感受。如果足够坦诚，你可以开诚布公地吐露自己的感受。

> 你可以活得真实却不坦诚，你也可以为人坦诚却不真实（后者更难一点儿）。最好的关系是真实且坦诚的，可以互相倾诉那些显而易见的痛苦。信任建立在真实和坦诚的基础上，并有可预见性和可靠性的证明。

当这种情形一直持续，矛盾越积越多，以至于最终爆发时——这类关系的破裂几乎都以爆发为标志，而不是消失不见，你信任人的能力也会随之崩溃。下一个走进你生活的人将被你置于显微镜下，他的一举一动都会被你过分解读，这对任何人来说都是非常不舒服的。为了避免总受无端猜疑，新的潜在伴侣往往会选择离开。

要想恢复如初，首先要与自己重建关系，因为这是重建对他人的信任的基础。没错，你得交出打开你心门的钥匙。

本章介绍了你可能遇到的各种情感无能的人，当然还有其他我没见过的。最重要的是，当你觉得自己在这段关系中做了所有的努力，或者和你在一起的这个人就是不肯给你承诺，或者你发现自己的需求永远得不到满足，你就要意识到，你的伴侣很有可能是情感无能者。相信我，在你开始为相处中的每一次矛盾责怪自己之前，最好先弄清楚这一点。当他人疏远你时，这不是你的错！请记住：你没有伤害他们，你也无法弥补他们。

重返派对

某天，你再次收到派对主人的邀请，为了做个完美的派对客人，你花了大量时间在穿衣打扮上，之后早早地站在门廊上等着。这一次，主人终于允许你加入派对，当他打开门，你会发现，音乐是用磁带录制的，谈话声是从电视里传来的，你自以为见到的是人影，其实是纸板剪影，食物是装在电锅里的胡萝卜炖牛肉。

你只看了一眼，但当你发现一切都是假象时，我希望这本书能帮助你远离这一切。或者最好是，我希望你一开始就不要站在这家主人的门廊上!

第 二 章

为什么会出现情感无能

情感 / 情绪：四种基本类型

如果要谈论情感的可用性（emotional availability），我们需要从情绪和情感开始说起。要是在这个问题上没有一些明确的共识，我们就很难定义什么存在、什么不存在。所以，什么是情感和情绪？在本书中，情感和情绪是通用的，是同一个概念的不同叫法。除此之外，情感 / 情绪是各种经验的非智力内容。

无论我们经历了什么，相关的经验都会被记录在两个不同的领域：一个是智力领域，这一部分是经验信息，即我们可以观察、触摸、品尝和记录的信息。另一个是情感领域，这一部分是对经验信息的情绪反应，即非智力内容。

来看一个例子。假设你正在银行办事，突然冲进来一个蒙面人，挥舞着枪要钱，然后拿着抢来的满满一袋钱离开了。这一系列事件便会记入智力领域，其中包括经验、录像记录、可证实的事实。情感领域则包含了你对这次事件的内在反应：恐惧、困惑，甚至愤怒。

对于有相同经历的人而言，相关的智力内容在某种程度上是一致的，但情感内容可能会有很大的不同。有些人会觉得整件事很刺激，有些人可能会愤怒，还有一些人会感到害怕。

因此，情绪是非智力的、主观的、个人的、反应性的、即时的，这就是为什么我们如此难以定义和讨论情绪。每个人都以自己的方式体验情绪，并以自己的内在反应来定义情绪的常见词汇。所以，如果你连准确解释或清楚定义某种情绪都做不到（除非用你自创的内在术语），你又要怎样去描述你的感受，更别说和别人谈论它了？

答案分为两个步骤：第一步，学习如何将你的感受与名称对应起来；第二步，学习如何察觉和解读他人的情绪。做到这两步，你就能轻松而有逻辑地谈论情绪了。

接下来，我们先来看下“我认为”和“我觉得”，理解两者的区别非常重要。当你在处理生活中的情感问题时，你的想法无关紧要——感受才是一切。如果聊天内容与情绪有关，可以用“我觉得”；如果聊天内容涉及事实，或者至少是你以为的事实，应该用“我认为”或“我相信”。

人们常常会用“我觉得”，但他们想要表达的真正意思是“我认为”。“我觉得你是个浑蛋”，这句话与情绪无关，而是你对于事实的想法，换成“我认为你是个浑蛋”会更清楚地表达这一点。而“我很难过，我认为你是个浑蛋”则是另一种表达方式，这句话里既有情绪又有智力内容。

“我认为”和“我觉得”的另一个区别是理智化。当人们不确定自己的情绪时——如何称呼它、感受它、谈论它，将情绪封存在理性的大脑中，似乎要容易得多。这就意味着关注事件的实际情况，分析发生了什么，而非关注对该事件的感受。这两者千差万别！当一方理智而另一方情绪化时，区别就更大了。

因此，建立情感联结的第一步，是确保双方都在谈论事件的情感内容，而不是用“我觉得”来表达“我认为”。

让我们从基础开始，我称之为情绪的四种基本类型。如果你熟悉这些概念，本章将带你重新回顾和厘清其中的来龙去脉。

需要牢记的是，你所感受到的一切，都与外在事件或内在体验有关，通常两者都有。一切情绪状态的产生，都离不开外在事件（你当时的处境）和内在体验（你由此产生的感受，以及对类似经历的回忆）。再加上内在的生理暗示，比如心跳加速或胃抽搐，一幅完整的情感画面就有了！那么，要如何将自己的感受与名称对应起来呢？

人类语言有成百上千个词来形容感受，有些非常明显、易于理解，有些则更加微妙、令人困惑。以下介绍的四种基本情绪几乎是其他所有情绪的基础。我们将逐一研究。

愤怒

当我们被诽谤、被利用、被欺骗、被辜负时，由此引发的情绪都能用愤怒来表达。愤怒既可以像恼怒一样温和，又可以像狂怒一样具有爆发性，它也可能与困惑、苦恼、沮丧等联系在一起。但怒气不是愤怒。

难以置信？但这千真万确。怒气是一种心态，不是一种情绪。我来解释一下。愤怒是有时间限制的，并以情境为导向，具有反应性。假如有人偷了你的车，刚开始，你真的很愤怒；接着，警察逮捕了偷车贼，你也找回了车，于是你逐渐冷静下来；后来小偷进了监狱，保险公司全额支付了维修费用，你也就不再愤怒了。

怒气则是一种心态，对你生活的方方面面都有影响。它就像一张火毯，覆盖了其他所有情绪和一切情境。它是普遍的、长期的、非特定的。怒气就像是你戴上一副眼镜，你透过它看向世界的每一个角落。它似乎源于一个充满不公的童年，也源于一种信念，即这个世界从来都不公平。

但是，怒气不是一种情绪，愤怒才是。二者的迷惑之处可能是由于某种政治／社会正确性引起的，制定规则的人认为愤怒有点儿咄咄逼人，于是想用怒气取而代之。怒气听起来可能没那么冒犯，但却让人混淆了情绪的内涵。

悲伤

悲伤涵盖了悲痛、惆怅、孤独、绝望等情绪领域。就像愤怒和怒气的区别一样，抑郁不是悲伤。

抑郁是一种心态，就像笼罩着一切的灰色迷雾，吞噬了生活中所有的欢乐，只留下一片阴郁。抑郁是普遍的、全面的、持久的。悲伤和愤怒一样，是以情境为导向、有时间限制、易反应的。

假如有一天你爱的人走了。起初你悲痛不已，但随着时间的推移，你的情感渐渐沉淀，悲痛演变为深深的悲伤。最终，悲伤不再主宰你的情绪。但这些与抑郁无关。悲伤可能是引发抑郁症的因素之一，但抑郁和悲伤不是一回事，因为悲伤是特定的，是对特定情境的反应，而且有时间限制。

抑郁超越了悲伤，触及你生活的方方面面。除非去接受治疗，否则它可能持续数月或数年，甚至更糟。抑郁似乎来自对过去的关注。如果抑郁可以用一句话来表达，那就是“要是……就好了”。

恐惧

恐惧涵盖了我们陷入不安、紧张、害怕，甚至惊恐的感受。与恐惧相伴的心态是焦虑，同样的区别适用于愤怒和怒气、悲伤和抑郁。

焦虑心态会表现出紧张、害怕和提心吊胆等情绪，或诸如惊恐发作的经历。惊恐发作时，你会突然感到自己心跳加快，有一种世界末日即将来临的感觉，但这通常与实际发生的事并不相称。

恐惧与某些特定的对象有关，可以用一种非常具体的方式表达出来：“狮子！老虎！熊！哦，天哪！”人们害怕特定的、个别的东西。许多恐惧都是基于直接或间接的经验，再加上想象力的刺激。等你成年后，往往不记得恐惧的来源，但恐惧是根深蒂固的。

一些常见的恐惧源有蜘蛛、飞行、蛇、狗、陌生人、雷雨和黑暗。我还听过其他的恐惧源，如小丑、啮齿动物、淋浴、水、海绵、吸尘器，等等。无论你恐惧什么，当面对它时，你都会产生情绪和身体上的反应。

焦虑这种心态，就好比生活在未来。它的根源在于，怀疑事物的运行方式，同时对整个世界的可怕深信不疑。焦虑心态的特征之一，就是忧虑。忧虑源自对未来的投射，是你借由想象才能抵达的地方。一旦到了那里，你就会试图修复那些根本不曾发生的事情。与焦虑相关的句子是“要是……会……”，比如“要是我失去了工作，无法偿还贷款，房子就会被收回，而我会流落街头……”等。如你所见，焦虑会把你推向情绪低谷！

高兴

高兴包含喜悦、快乐、开心，以及其他用来表达生活中那些幸福、安宁和满足的时刻的词语。高兴既是一种情绪，也是一种心态。无论是哪一种，它对乐天派的心情和行为都有着相同的影响。这是绝无仅有的。

我很幸运，在我的生命中有那么几个人，真正活得快乐。他们正确看待生活中的烦恼，坦然接受现实。他们不是受气包，在该愤怒的时候愤怒，但不会让愤怒变成怒气。他们在别人遇到困难时，往往第一时间伸出援手。他们与其生命中的人建立了良好的情感联结，并且具备爱的能力。当想起这些人时，我总是不由自主地露出笑容。

一个人的心态是他个性的一部分，是构成他人格的一个方面。它是一个人看待世界的视角，是他处理信息的过滤器。要改变一个人的心态是很困难的，因为它与人格息息相关。真正可以改变的，是一个人更专注于情境、不再处处被动的能力，这有助于一个人在心态和人格的框架下行事。改变一个人，不是让他脱胎换骨，而是使他更豁达，更有适应力，换句话说就是更愿意拥抱爱。

那些生活在特定的消极心态中的人，往往更容易封闭情感。当你遇到第一章讨论的那几类人时，可以试着将他们置于不同的消极心态中，看看心态是如何阻止他们建立情感联结的。

例如：罗密欧和印第安纳可能都很焦虑；瘾君子通常很抑郁，就像妈宝男和爹宝女一样，不过他们也会恐惧；理性人和自恋者总是怒气冲冲；老滑头和詹姆斯·邦德总是焦虑不安。

只靠一种心态生活，你的情绪图谱很快就会被它主宰，除了特定的心态外，你无法再拥有其他的情绪。了解情绪触点和信号，可以帮助觉察自己的情绪，而不受心态左右。

下面有一个小测试，可以帮你弄清自己的立场。

你的心态如何？

请阅读以下情境，选出最符合你的选项。诚实作答。

当你回答完一个问题时，请在与你的答案相符的字母框里画一个点。也就是说，如果第一个问题你的答案是 A，请在 A 框里画一个点。

A	B
C	D

1. 如果我被堵在路上，我很可能

A. 用手指敲方向盘，担心会迟到。

B. 觉得自己倒霉透了。

C. 逼近前车，不停按喇叭。

D. 听广播。

2. 如果半夜电话响了，我

A. 一把抓起它，吓得心跳加速。

B. 以为是坏消息。

C. 咒骂打电话的人，如果对方打错了，我会狠狠地摔下电话。

D. 起来接电话。

3. 如果收银员少找我钱，我

A. 担心如果投诉的话，客户经理不相信我。

B. 认栽，觉得这是家常便饭。

C. 用拳头猛击柜台，并要求见客户经理。

D. 提醒收银员。

4. 如果听到别人在窃窃私语，我

A. 以为自己做错了什么。

B. 没有精力去在乎这些。

C. 确信，要是有人敢泄露秘密，这人麻烦大了！

D. 心想，这与我无关。

5. 如果电视遥控器坏了，我

A. 非常慌张，以为自己把它弄坏了。

B. 心想麻烦事又来了。

C. 把它扔到电视上。

D. 检查并更换电池，或者查阅说明书。

6. 如果去现场看比赛，发现座位被别人占了，我

A. 不敢和那人对质，担心他可能有暴力倾向。

B. 心想是我的票错了。

C. 找保安把他扔出去。

D. 请那人核对一下座位号。

7. 如果狗吃了花园里的某株植物，我

A. 担心植物可能有毒，会把兽医叫来。

B. 给朋友打电话，因为他的狗误吞一种奇怪的植物死了，这样我好了解，如果狗死了该怎么处理。

C. 踢它。

D. 试着辨认这株植物，然后一边抚摸着狗，一边呼叫毒物控制中心。

8. 如果孩子考试不及格，我

A. 睡不着觉，担心他上不了大学，一辈子只能干卑微的工作。

B. 想起自己上高中时的成绩有多差。

C. 让他休学并禁足在家。

D. 主动提供帮助，如果他拒绝，给他适当的鼓励和安慰，让他逐渐释怀。

9. 每年 4 月 15 日[3]，我

A. 担心被查税。

B. 认为自己会被查，而且结果很糟糕。

C. 抱怨政府。

D. 按时提交所需材料。

3. 4 月 15 日是美国每年税务审查的日子。美国的国家收入主要来源于税收，而个税在其中占比非常高，美国国税局会定期随机抽查个人税款的缴纳情况。——译者注

10. 如果邻居的音响声太大，吵得我睡不着，我

A. 躺在床上冥思苦想，怎样才能让他们把音量调小。

B. 躺在床上，觉得自己可真倒霉，竟然和这个白痴是邻居。

C. 敲邻居的门，并威胁要使用暴力。

D. 打电话给邻居，并礼貌地请对方调小音量。

11. 如果发现新车侧面有划痕，我

A. 四处寻找最匹配的修补漆，以免影响二手车折价。

B. 那就等着瞧吧。

C. 在旁边车的挡风玻璃上留纸条骂人，并记下对方的车牌号，然后向警方报案。

D. 拿修补漆修补一下。

12. 我认为彩票

A. 可以让我不再为钱的事发愁。

B. 是人为操纵。

C. 大奖得主都是浑蛋。

D. 要是中了一定很有趣。

13. 如果邻居要借用我的割草机，我

A. 担心他们的孩子一旦因此受伤，我会被起诉。

B. 认为他们会把坏了的割草机还给我。

C. 紧盯他们，确保能按时拿回来。

D. 很高兴借给他们，也很高兴见到他们。

14. 我的背很疼。我

A. 为挂号发愁，还很担心自己的病情。

B. 怀疑自己得了癌症。

C. 很不爽，因为我得请假。

D. 去挂号，并做了检查。

15. 我接到一家公司的电话，说我中奖了。我

A. 觉得这是个骗局。

B. 认为打错电话了。

C. 确定那些浑蛋想骗我。

D. 想了解更多细节。

16. 我的伴侣很晚才回家。我

A. 猜他出了意外。

B. 猜他在搞鬼。

C. 真的很生气。

D. 很高兴看到他安全到家。

17. 流感正在肆虐。我

A. 打电话给医生，咨询一下今年的疫苗是否覆盖这种流感。

B. 开始觉得难受。

C. 对在电梯里打喷嚏的人大吼大叫。

D. 希望自己不会染上。

18. 我被开了一张超速罚单。我

A. 想知道保险费率还要多久才会上涨。

B. 觉得交警在“守株待兔”。

C. 勃然大怒，当着交警的面把罚单撕成碎片。

D. 缴纳罚款。

19. 一个高中同学去世了。我

A. 尽可能找出是什么原因造成的。

B. 认为人生苦短。

C. 猜这个人过得不好。

D. 给这家人寄了一张慰问卡。

20. 支票被银行拒付。我认为这是银行的问题，我

A. 花了几个小时试图找到问题的根源，并纠正。

B. 猜想自己要损失一大笔钱。

C. 冲进银行，狠狠骂了经理一顿。

D. 打电话给银行，试图弄清楚发生了什么，以及如何才能纠正。

现在看看，这些点儿大部分在哪个字母框。如果大多数在 A 框，那你处于一种焦虑的状态；大多数在 B 框，表明你有些抑郁；大多数在 C 框，说明你被怒气掌控了；大多数在 D 框，你是一个心态乐观的人。

哪个框中的点儿越多，意味着你越陷于哪种特定的心态中。如果均匀分布在三四个框中，说明你有着丰富的情感，但尚未形成某种心态。这意味着你对情境的适应能力很强，或是你还不清楚自己的感受。要记住，心态就是你看待世界的方式。要改变它确实很难，但要学会如何缓和它对你的影响，还是很有可能的。

情绪从何而来

情绪是刺激、事件和记忆的组合。

我们在童年时就习得了情绪，这就是为什么它们偶尔带有传奇色彩和孩子气，尤其是那些与大事有关的重要情绪。情绪的分化，贯穿我们的一生。我们不仅要学会升级自己的情绪版本，让情绪从单一到丰富，从粗犷到细腻；还要学会如何判断和控制自己的情绪。不幸的是，这是某些人最难学会的一课，他们无法在社会认可的范围内控制自己的情绪，而是让情绪主宰着自己。例如，当你看到心仪的球队进球时，你可以和朋友击掌相庆，但在听了歌剧咏叹调后与朋友击掌，则是一种失礼的行为。还有一种极端是，人们试图封闭自己的情绪，或将其限制在一定范围内来减轻情绪的影响，以免被它压垮。

当人们对每一次经历都给出强烈的情绪反应，他们实际上限制了自己的情感联结。这是因为过度反应让人很难对情绪做出预测或评估。

情绪太少和太多，都会缩小一个人真正的情绪广度。换句话说，一个人情绪的可用性会受到限制。我们可以学会敞开心扉，但这需要先有尝试的意愿。

现在我们已经对情绪和心态有了大致的了解，是时候将这些信息与情绪的可用性联系起来了。情绪的可用性是指一个人与他人建立情感联结的能力。这也预示着，这个人已经与自己的情绪达成内在联结，清楚自己的感受，并能够识别他人的感受。若缺失其中任何一个因素，情感联结都无法建立。

情感无能的人不仅与他人的情感隔绝，也与自己的情感隔绝。这是一种孤独的生活方式。不过情感无能是可以自我修正的，修正前先要了解它是如何产生的。

情感无能是如何产生的

作为一种文化来讲，我们习惯怪罪某人或某事。这是一个很好用的幌子："发生了这样的事，都是马文的错。"这种感觉很好。因为马文是坏人，所以理当受到责难，这样我们就可以聚在一起，自以为是地指出马文到底有多糟糕。相比之下，我们都是好人，我们也喜欢这样。因此，指责会进一步强化。

解释不是借口。我补充一点：解释并不是指责的许可证，它只是一种解释。那些习惯指责他人的人，其实是在寻找一种表面、便捷、零责任的解决方案，而不愿探索其中可能存在的更深层次的互动。

解释对于理解整个过程极其重要。那些对他人做出恶劣行径的人，应该在正式的法律环境中交由陪审团或公众舆论审判。作为审判的一部分，他们的解释应当被听取，并与对其行为选择的其余评判一起纳入考量。如有后果，他们自行承担。接受别人的指责可能是后果之一，而道歉必不可少，从逻辑上讲，也是应该的。

为了理解情感无能，我们需要寻找它产生的原因。这种探寻不是为了指责，而是为了挖掘根源，同时去真正理解情感无能的人，以及选择与他们建立联结的人。

情感无能者的特点是，他们不仅无法与他人建立情感联结，也无法与自己建立情感联结。这种脱节表现在很多方面，让我们来看看其中几点。

灰色地带

情感无能的人，几乎和自己的情绪失去联系。任何人在经历创伤性事件后，自身的情绪系统都可能因受到惊吓而暂时失联。这就好比手肘被击打后，整个手臂都麻了一样。那些暂时麻木的人最终会一点点儿恢复知觉。但是，情感无能的人则完全是在另一个维度：灰色地带。

灰色地带源于童年经历。处在灰色地带的人，从小就学会了不相信自己的情绪。因此，他们在成年后很难建立情感联结。

这个过程是这样的：在孩子心中，父母是完美的，不管父母实际有多不完美。因此，如果孩子成长于一个情绪不稳定的家庭——父亲说“我只是用皮带打你，因为我爱你”，或者父亲是一个酒鬼，上一分钟还亲密无间，下一分钟就无比疏远，孩子会认为，一切都是自己的错，与父母无关。孩子的逻辑是：“爸爸说打是爱，虽然我认为爱是亲吻、拥抱和安全感，但爸爸就是爸爸，他的话一定是对的！”

经验日积月累，很快，孩子意识到自己所有的情绪信号都是错的，于是不再相信它们。因此，灰色地带诞生了——一个情绪的迷雾区，人们把所有微妙、细碎、日常的情绪都扔进这里，而不去感受它们，因为人们已经学会不去信任它们了。

生活在灰色地带的人确实会有一些情绪，但都是最强烈的情绪。不是喜到极致，就是丧到极致。没有爱，只有激情；没有恼怒，只有狂怒；没有悲伤，只有绝望。他们的情绪状态是下图这样的：

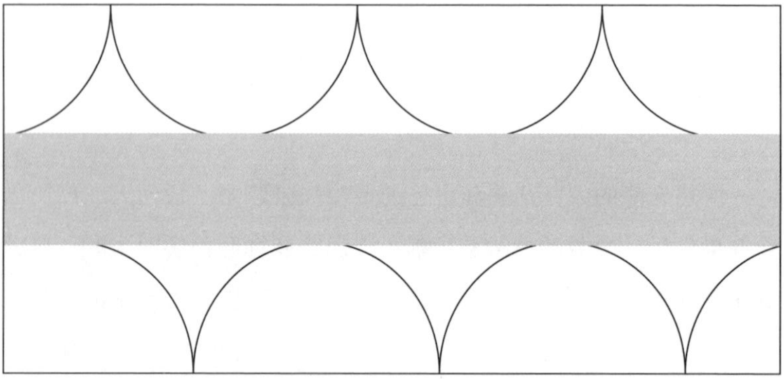

如果你不是这样的人，但你的伴侣是，你会发现，对方似乎在某一刻非常平静，突然之间就情绪爆发，而这种情绪状态与你感受到的情境并不相称。和生活在灰色地带的人在一起，感觉就像在坐过山车。不难看出，与那些情感无能的人进行情感交流有多么困难。

首先，日常的情绪波动对他们来说是不存在的，他们也从未意识到这一点。他们认为，那些拥有较为正常的情感生活的人不值得信任，这可以追溯到他们的童年——他们无法相信从别人身上看到的情绪。

其次，你和一个情绪起伏不定的人在一起，会感到心力交瘁。正当你适应了对方的狂喜，你又不得不去应付对方突如其来的抑郁。

最后，我们无法预测处于灰色地带的人在任何情况下的立场。甚至你一想到要投入情感或给予反馈，或者开始一场基于情绪的对话，就会变得神经兮兮，因为你害怕激起对方的反应。

与此同时，在处于灰色地带的人看来，你日常的情绪波动和微妙反应，疑似控制欲强或不诚实。他不知该如何解读你的情绪状态、预测你的行为，或理解你细微的行为变化。因此，这类人会经常试图激起你强烈的情绪反应。

这就是所谓的“按按钮”，它和最初的情感伤害来源相同。当孩子不再信任自己的情绪体验，他就不得不去寻找其他值得信赖的东西，而这往往会以情绪混乱告终，最后受伤的还是他自己。他很快就学会如何通过煽动混乱，与不合格的父母建立情感联结。由于父母可能就处在灰色地带，对混乱能够迅速反应，于是联结很快达成。他们毫不在意这是严重的功能失调——整个家庭都意识到这种联结，从而强化了灰色地带，并对较小的情绪波动失去信任。

被打的孩子被告知打是爱后，可能会试图激怒父亲，让自己再次被打。毕竟，对受伤的孩子来说，挨打象征被爱，而孩子真的很想感受与父母之间爱的交流。于是，孩子很快习得如何激怒父亲。再没有比因入店行窃、偷车或打人而被捕，更能让父亲跳出情绪的迷雾，进入有形的、可联结的情绪巅峰了。

当这类孩子长大，他们无法像多数人那样建立情感联结，但他们很快学会识别朋友和伴侣身上的按钮，以建立灰色地带的情感联结。一旦按下按钮，他们往往会变得极具攻击性，会谩骂或羞辱身边的人。他们这样做是为了与重要之人建立情感联结，因为这是处在灰色地带的人知道的唯一途径。但这往往会带来灾难性后果。那些不在灰色地带的人会发现，自己在自认为安全的关系中被无缘无故地攻击了。通常，他们会觉得自己做错了什么才激怒了对方，他们可能会企图改变自己来取悦攻击者。

攻击者无法识别这些微妙的变化，除非它们对攻击者所建立的情感联结构成威胁。在这种情况下，攻击者会不顾一切地按下按钮，以保持自己的感情线畅通。不难想象，随着攻击者越爱越挫败、越爱越无力，这段关系会从口头虐待升级为身体虐待。

灰色地带是导致情感无能的主要因素，对于在那里生活了很多年的人来说，那是一个非常舒适的藏身之处。想象一下：如果你成长于一个人人倒着走路的环境，而你突然来到一个人人正着走路的世界，你觉得哪个更安全、更舒适？从本质上说，处在灰色地带的人就像是生活在前一种环境里的人，即使周围的人都转向另一个方向、说着另一种语言，他们也会非常努力地留在原地。

对于熟悉的东西，即使它很可怕且令人不适，人们也会倾向于选择它，而不是选择更舒适但不熟悉的东西。当人们奇怪一个饱受虐待的女人为什么会一次又一次地回到施虐者身边，或者一个遭受折磨的孩子为什么会渴望与施虐的父母取得联系，答案无一例外都能用灰色地带来解释。套用一句老话就是：“熟悉的魔鬼，总比不熟悉的魔鬼好。”

虽然他们可能感到麻木，但长期隐藏在灰色地带的人会紧紧抓住那种感觉，直到有什么东西让他们感到不舒服，不得不选择另一个地方。是什么让他们感到不舒服？通常是情感上的痛苦。对于处在灰色地带的人来说，情感上的痛苦会使他们的情绪达到峰值，这样他们就可以与人建立联结。

当处在灰色地带的人开始在迷雾中环顾四周，试图看清到底发生了什么时，治疗师的帮助至关重要。治疗师的工作是帮助他们与过去的痛苦情感建立联系，并以可控的形式重新体验它。这个过程让灰色地带变得清晰，不再模糊，从而开启个人的情感历程。然而，要记住，这样的探索需要自我封闭的人鼓足勇气、坚定信念，并愿意体验揭开旧伤疤的可怕。当有人成功做到时，这种信念的飞跃值得尊敬！

怒气：普遍覆盖

我们的情感生活大多由文化规则和模式所决定，社会学家称后者为“风俗习惯”。任何社会的风俗习惯，都会随着时间和经验逐渐演变，并通过家庭、教育、媒体和同辈示范等文化机制代代相传。

在西方文化中，人们清楚地知道，情绪化应该以某种方式被限制在特定、明确的情境中。有趣的是，尽管我们在一定程度上改变了范式，但规则却完好无损。举个例子：过去，西方社会普遍认可“男儿有泪不轻弹”；如今，这方面的文化已经有所松动，男性可以更自由地哭泣。但事实上，禁令仍然存在，如果非说有什么不同的话，那就是它们在更狭窄的范围内更加严苛。一个首要规则是，男性不能在办公室或其他职场环境中哭泣。

在办公环境中，对情绪的限制要比控制流泪更为广泛。从某种意义上说，这条不成文的规则让每个人都进入灰色地带，因为它传递了一个信息：万事过犹不及。太多的欢乐，太多的悲伤，太多的笑声，太多的温暖，太多的困惑，太多的沮丧，这些都不适合出现在专业场合中。

但有一种情绪却是例外，几乎在任何情况下，人们都可以随意表达，它就是怒气。如果一个男人在办公室里哭，人们会认为他软弱无能。但如果他发怒，人们就会害怕、敬畏他，或者认为他很有权势。在足球场上流泪，会让人感到惊讶和不适，但发怒几乎是足球比赛的必要元素。

从本质上说，怒气是对真实情绪的全面覆盖。我很喜欢我的同事吉姆 · 基南对此做出的解释：

吉姆·基南的怒气模型

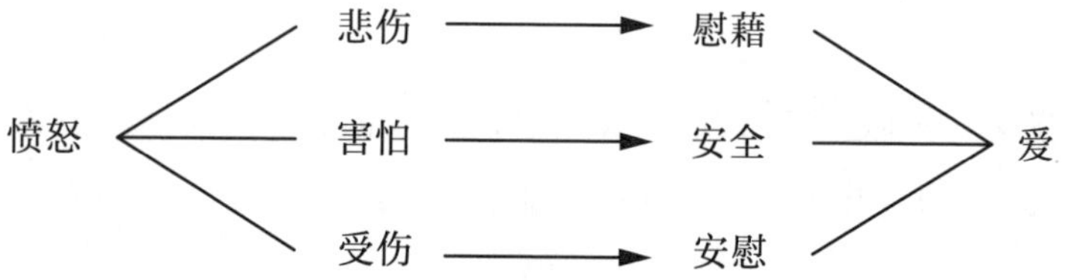

吉姆的理论是，小时候，你感到悲伤，你想要慰藉，于是你去找大人，比如父母或老师。同样的道理也适用于当你害怕而想要寻求安全，或当你受伤而需要安慰时。这些都是在寻求爱。当你以一种真诚的方式，向一个有爱心的成年人表达感受时，实际上是在寻求和接受爱。

长大后，你发现，在很多时候，真实地表达自己的感受是不可能的。这时，一个被普遍接受的情绪——愤怒——出现了。因此，吉姆说，当一个人愤怒时，他实际上是在寻求爱。

如果你曾把对你而言很重要的人惹生气了，仔细回忆一下，潜藏在最初、表面的反应之下的是什么，我打赌你会发现还有另一种情绪。显然，这种潜藏的情绪是恐惧——“我害怕你会抛弃我”“我害怕你不会原谅我”“我害怕你不再珍惜我”。

布拉德利和玛莎一起上高中、大学，然后结婚，还都取得了硕士学位，随着布拉德利继续攻读博士学位，他俩积累的助学贷款堪比美国国债[4]。与此同时，他们努力平衡作为父母、专业人才和社群成员的责任。压力锅里的水已经开始沸腾了。

对于布拉德利来说，最好的减压方式就是在当地球队里打棒球。某年三月份，布拉德利来找我，他非常沮丧，因为尽管他能打出全垒打，还是一名出色的游击手，但原来的球队不要他，也没有其他球队选中他。

“是的，我是在球场上大喊大叫。可那又怎样？我仍然是最好的球员。”接着，布拉德利给我讲了他上个赛季的事。当时，他因为六次不同的犯规而被停赛六场，每一次发怒都与比赛有关。有一次，当他听到对方球员的评论，就把球棒扔进了对方的休息区，因为他认为对方在议论他。还有一次，他推了一个裁判。他还告诉我，他做过的最糟糕的事，就是跳进人群里，打了一个粉丝。当承认这一点的时候，他看起来确实很尴尬，但这只是因为他“打错了人——不是我以为的那个说闲话的人”。

他补充说，在我们第一次见面的两周前，他曾因在一家餐馆打架而被捕，还“在玛莎不听话的时候，打了她几次”。

布拉德利普遍的情绪反应是发怒，当我问他落选有何感受时，他的回答是“愤怒”，但他的眼神却是“痛苦、悲伤、害怕、孤独、被抛弃、被贬低、被孤立、被冷落”。当我向他指出这一点时，他

4. 美国的大学教育普遍昂贵，哪怕对于很多中产阶级也是一样，偿还助学贷款是美国人一项沉重的经济负担，仅次于房贷。——译者注

立马朝我吼道："你懂什么？"

最终，我们使用吉姆的怒气模型来一起分析他的怒火，找到隐藏在其中的真实感受。布拉德利发现，他的情绪比自己想象的要复杂得多。布拉德利可能永远心怀怒气，但随着他与其他情绪逐渐建立联结，怒气便很难将他与一切隔绝了。怒气的藏身之处，是布拉德利看待世界的视角。布拉德利选择发怒，作为他应对各种情绪场景的唯一反应。

在心理治疗中，常借用一句老话："如果你唯一的工具是一把锤子，你往往会把一切问题都看成钉子。"在布拉德利的案例中，他唯一的工具是怒气，所以他用怒气捶打一切。一旦他开始扩充情绪工具箱，他便能感受到愤怒以外的其他情绪。因此，他发怒的次数比之前少多了。

他还了解到，活在一种心态的支配下，会让自己与所爱之人在情感上越来越疏远。我知道，当他能够自发地、真情实感地为自己过去的暴力行为和持续的愤怒向玛莎道歉，并在不使用控制手段的情况下求得她的原谅时，他已经与自己建立了联结。

如果和一个以愤怒为普遍情绪的人交往，你就很难与潜藏在对方内心的真实情绪建立联结。当然，如果你相信这段感情能走到最后，你所要做的就是忠于自己的感受，不要以愤怒作为回应。若在一段感情中总是出现争吵，那其中一定存在怒气心态。

有些治疗师认为，人人都需要一名心理医生，从而帮忙解决一切问题。虽然我不是这么想的，但当愤怒成为一种普遍情绪时，与治疗师一起应对，可以加快真情流露的过程，进而呈现情绪的全貌。

无力感

情感无能的另一个源头是受害经历。受害者被剥夺的是个人权力。当我们谈到个人权力时，它指的不是独裁意义上的权力，而是赋权，也就是保留选择的能力。

权力＝选择！

施虐者的信息很明确："你无权做出影响你生活的选择。我拥有全部权力，而你一无所有。"被剥夺权力的原因有很多，但无论是哪一种情形，结果都是一样的：受害者的权力被削弱或剥夺。或者，受害者主动将自己的全部权力交由施虐者。人们要么选择一直待在受害者的位置上，只要他们觉得那是自己想要的；要么选择去积极面对受害经历，及其对生活的影响，然后他们就可以作为幸存者继续前进。选择成为受害者，就是选择放弃你的权力；选择成为幸存者，就是选择把权力夺回来。

无力感是一位可怕的老师，它带来的教训是持久的。它可能来自单一的经历，也可能是许多负面经历的集合，由此引发我们对生活的失控感。结果是，受害者很清楚地明白，自己没有任何权力。没有权力的人没有发言权。没有发言权的人认为自己是无用的。无用的人无法信任自己的情绪，只能不断否定它们。这就是使受害者变得情感无能的原因。

我来简单讲个案例。

西尔维娅

西尔维娅的童年如她描述的那般悠闲、美好。她是家里的宝贝，深受她六个兄弟、父母和祖父母的喜欢。她的父亲是一位非常成功的商人，很少在家，她说，即使他在家，也很少花时间陪她。然后，她很快向我解释，她知道他爱她，尽管她说不出来自己是怎么知道的。她受过良好的教育，广受朋友的欢迎。

她后来告诉我，自己是在一次活动上认识吉姆的，并被他深深吸引了，因为他“非常与众不同”。吉姆像个流浪汉，除了在越南服过役，没有什么特别的资历，他不修边幅，像是在享受自己的重荷，以及他人的负罪感。他一直在为政府承包商工作，由于临时任务，来到了西尔维娅所在的小镇。

西尔维娅被他迷住了。她的家人和朋友都惊呆了，但西尔维娅热情地追求着吉姆。日后回想起来，西尔维娅才意识到，她在吉姆身上看到了父亲的距离感，她会追求他，是因为他在情感上给她一种“似曾相识”的感觉。人们往往会和自己最不合拍的“父／母”结婚，并试着通过经营自己的家庭，来弥补与父／母之间的遗憾。

结婚后，吉姆的脾气变得很差，会对西尔维娅动粗，先是语言暴力，后来上升为肢体暴力。西尔维娅告诉我，她和他在一起，是因为相信他最终会“改好”。她还发现自己在逼着吉姆扮演她生命中一直缺失的父亲角色。这种渴望使她继续这段关系。在等待他改好的那段时间里，她有了三个孩子，吉姆也虐待过他们。

在遭受了多年的虐待后，西尔维娅来到我的诊室，但她不是来探究吉姆的虐待所带来的影响，而是因为几个月前她的母亲去世了，她为此悲伤不已。吉姆有时候陪着她，目的不是安慰她，而是为了确保我们“专注主题，没有浪费钱”。

西尔维娅对我说，她不知道自己的生活是怎么变成现在这样的。当我询问她受虐的情况时，她立刻告诉我她童年是多么美好，并否认有受虐的可能。

她重申自己小时候没有被虐待过，她的兄弟、父亲、祖父和叔叔都是很好的人。当她听懂我说的是成年后的虐待，且虐待包括不恰当的性行为时，她愣住了。

西尔维娅花了很长时间才明白吉姆的行为对她的影响，就像童年受到虐待一样严重。她也花了很长时间才逐渐明白，为了取悦吉姆，同时等待他变好，她已经把自己大部分的权力都交给了他。

因此，无力感源于一种真实或可感知的无力选择。那么，这与情感无能有什么关系？一个为了和你建立联结而夺走你权力的人，是不健康的，也是情感无能的。这个人太过专注于控制你，却不愿意互谦互让。这就很明显了。

可能不那么明显的是，一个被夺权者伤害的人，会习得一种特殊的情感联结规则，其中包括将服从他人作为联结的基本条件。这类人建立的不是真正的联结，而是被权力系统扭曲的联结，就好像这段关系中出现了一个中介，所有情感都必须经过它的过滤。

那些被虐待、被剥夺权力的人，在情绪的可用性上会面临特殊的挑战。他们不仅很难或不可能建立信任，而且，他们对如何建立联结的理解，也基于对关系的扭曲定义。这种对关系如何运作的误解，解释了为什么受害者即使重新开始一段新关系，也经常选择施虐者做伴侣：熟悉的圈子会让你更自在，即使你感到不舒服。

想要建立良好的情感联结，需要双方都敞开心扉。当一个受害者选择一个施虐者做伴侣，两者在情感上都是遥不可及的，于是这段关系建立在权力的得失上，缺乏情感交流。这类关系通常以计分制为标志。权力更大的人通过计分，来确保权力更小的人不会获得权力；被剥夺权力的人通过计分，来评估彼此的关系。但两者都无法感知情感的存在。

外部反馈和内部反馈

当你需要做一个重要的决定时，你会如何评估并做出最终选择呢？大部分人都会结合外部反馈和内部反馈来综合考虑。

外部反馈包括向朋友、家人、商业伙伴、银行经理、律师以及其他值得信任的人征求想法和意见，然后将这些想法和意见整合起来，形成一个合理、恰当的决定。

内部反馈是根据个人的内在标准来衡量选择。这个标准由个人的价值观与信仰、经历、教育程度和自我认知构成。

大多数人会结合外部和内部的反馈来做出选择。但有些人没有内部反馈渠道，他们只从外部渠道接收信息。治疗师发现，这种外部渠道经常作用于某些青少年身上，因为他们的内部反馈系统尚未建立起来。由于只有外部渠道，孩子们会说服自己把头发染成黄色；在脸上、肚脐以及身体的其他部位穿孔；拥有各种各样的文身。在专业的精神病学术语中，这被称为“外控点”。

从理论上讲，当一个人经历过青春期的考验，就会开始发展内部渠道——“内控点”。通常，这种发展与成人道德所依据的个人价值体系的完善，是同步进行的。青少年把儿时从父母那儿继承的信仰体系，带入青春期混乱的大锅中，再用从学校、社区和朋友那里获得的信仰和价值观进行搅拌。内部反馈系统出现在青春期末期或二十岁出头的年纪，并在之后的人生中不断完善和调整。

当一个人接收到别人提供的信息时，内部反馈系统就会对这些信息进行评估，包括可能存在的错误和私心，从而做出明确的决定。然而，如果一个人没有建立起内部反馈系统，他就无法评估收到的信息。因此，这类人倾向于看事情只看表面，习惯随大溜。

一位来访者这样描述她的丈夫："我觉得他好像被一堵墙包围了。每次他做决定的时候，我都在他身边，绞尽脑汁想找一个突破口，让他能够听到我的意见，多考虑一下我和孩子们的感受。"她终于意识到，只有从里面才能打破那堵墙。

在这个案例中，丈夫后来醒悟过来，开始与自己建立联结。某天，他独自在家带三个孩子。当他"陪着"孩子的时候（这里顺便说一下，孩子需要的是用心陪伴，不是陪着！），只顾着玩手机。突然，一声尖叫传来，但他没有多想，也没有理会第二声尖叫。之后女儿冲进房间，发疯似的哭喊："比利死了！"他冲了出去，发现儿子不省人事地躺在车道上，额头不断涌出鲜血。他后来坦言，在那一刻他清楚地看到自己对家庭造成的伤害。他决定改变自己，随着时间的推移，他不仅打破了墙，而且推倒了墙！

然而，构建和维护这个内部反馈系统，需要的不仅仅是醒悟，还要做大量的工作。如果人们不明白自己为什么需要它，就很难做好这件事。

依恋理论

人们无法建立情感联结的另一种解释（记住，这不是借口），可以追溯到出生的时候。英国心理学家约翰·鲍比、美国威斯康星大学的哈里·哈洛，以及得克萨斯大学的玛丽·安斯沃斯都对此进行了深入研究。这三位心理学家主要研究父母（侧重于母亲）如何与自己的孩子建立联结。鲍比和哈洛以猴子为对象来研究依恋关系，而安斯沃斯的研究对象是人类母亲和婴幼儿。三人就早期依恋对后期亲密关系的影响做了大量的论述——这是情绪可用性的一个方面。

下面简要概述一下安斯沃斯的实验研究。实验对象是一群母亲，以及她们一岁大的孩子。母亲们被逐一带到一个房间里，研究人员可以通过单面镜观察她们的状态。房间中央放了一把椅子，有时是两把（偶尔有另一个陌生人在场）。地板上堆满了玩具。母亲坐在椅子上，孩子在地板上玩耍。过一会儿，母亲会起身离开房间，然后在短时间内回来。如果有陌生人在房间里，当母亲离开后，这个陌生人会留在那里。房间里发生的一切都被仔细地记录下来，再由研究人员进行整理。

通过实验，安斯沃斯发现婴儿的依恋存在三种类型。

第一种，“安全型依恋”（securely attached）。这类婴儿可以积极探索周围的环境——刚开始会黏着母亲，但很快可以自己玩耍，偶尔回到母亲身边，也能返回继续玩耍。当母亲离开房间后，这类婴儿会哭闹。当母亲回来了，婴儿会向她示好，要安慰，然后继续自由探索。据安斯沃斯统计，她所研究的婴儿中，约有 25% 是安全型的。

第二种，“焦虑型依恋”（insecurely attached）（我的一个朋友称其为“强力胶型”）。这类婴儿会紧紧抓着妈妈不放，不去探索房间。母亲离开后，他们伤心不已。对于陌生人的安慰，他们会表示拒绝。然而，当母亲回来后，婴儿会大发脾气，哭闹不止，排斥母亲的安慰，并紧紧抓住陌生人。在安斯沃斯的实验中，焦虑型的婴儿大约占 50%。

第三种，“回避型依恋”（unattached）。这类婴儿不在意母亲的存在，不管母亲离开还是回来，都漠不关心。当母亲抱着这类婴儿时，婴儿常常弓着背，使劲向后仰。可以想象，当这类婴儿长大后，他们将很少或根本无法与任何人建立情感联结。

那么，这三种婴儿长大后是什么样子呢？

安全型的婴儿长大后，具备经营情感的能力。他们能够信任别人，不会嫉妒和猜疑。他们用头脑思考，用心灵感受，并且知道两者的区别。他们能够准确表达自己的情绪，并能找到同道之人。

焦虑型的婴儿长大后，可能会变得偏执和嫉妒。一个焦虑型的伴侣不相信你言出必行，所以习惯检查你、测试你，看看你是否在说真话。同时，他也不一定是值得信任的。一个焦虑型的人很可能有一个庞大的外部反馈系统。不过，他并不一定信任这个系统。这是因为焦虑型的人很难信任任何人。

回避型的人情感缺席。他们无法遵守承诺，而且很少道歉。他们经常毫无悔意地利用他人，普遍特征是冷漠、疏离和愤怒。然而，可悲的是，许多人把这类人视为一种挑战。“我可以突破这些障碍，找到真实的他。”

根据安斯沃斯的统计，我们能否得出结论：只有 25% 的人具备爱的能力？当然不行。这是因为人能够学习、成长和改变，并且确实能做到。许多焦虑型和回避型的孩子要么通过心理治疗，要么凭借生活经验，逐渐改变了自己的依恋类型。

低自尊

治疗师经常会讨论自尊：如何提高自尊？自尊如何影响行为和选择？自尊从何而来？按我的理解，自尊是一个人能够以现实、积极的态度看待自己；能够设定界限保护自己；能够建立有意义的交互关系；能够相信自己的头脑和内心。

低自尊的人对自己的看法是消极的。例如，这些人往往更看重自己的身材和外貌，而不是内在品质。但是，我们不是来解决这类棘手问题的——相关主题的书已经有很多了。简而言之，若我们看重包装而轻视内在，那就是低自尊。此外，当认为别人更看重外表而不是内在时，我们会更加痴迷于变瘦变美，这甚至会降低自尊。

有时候，低自尊的人给人的印象恰恰相反。他们可能会吹嘘自己的成就或夸大自己的重要性也可能通过批评或贬低来攻击他人，还常常靠攀比财富或其他外在条件，来让自己感觉更强大、更富有或更出众。但他们却做不到接纳自己或他人。

一个拥有高自尊的人不会受到他人成就、荣耀、财富、外表或资产的威胁。他们不会评判别人，而是无条件地接纳一切。当谈论自己的成就时，他们会正确看待自己的付出与收获，并为自己的成功感到自豪，而不会贬低他人。拥有高自尊的人相信自己的头脑和内心。他们能看出他人的真诚，并能对自己真诚。所以，他们能够与他人建立适宜的情感联结，做到界限分明、敞开心扉、心意相通。

界限感

美国诗人罗伯特 · 弗罗斯特曾说：“好篱笆造就好邻居。”这就是好的界限对人际关系的意义。人与人之间的界限感，是指尊重他人的个性、隐私、私人空间和时间，同时保留自己的个性、隐私、私人空间和时间。

举个例子。我曾参与纽约某公司的一个特别项目，朱迪是这个项目的负责人。大家都知道，朱迪之所以在这个位置上，是出于公司内部的政治原因，而不是对项目的了解程度。朱迪没有把时间花在熟悉项目上，而是试图控制和威慑项目组的人。

朱迪会趁员工不在的时候，翻看他们的办公桌，取走一些无关紧要的文件。等员工回到办公室，发现桌面被弄得一团糟，只能重新整理。然后朱迪就会利用这个烂摊子来构陷、批评和贬损员工。这就是她的处世方式，即一切以她为中心。朱迪无法保守任何秘密，每个员工的工资，以及她从员工档案中搜集到的私生活细节，都被传得人尽皆知。面对她的不断侵扰，保持强烈的自我意识是艰难的挑战。

朱迪就是一个缺乏界限感的鲜活例子。每个为她工作的人，都不得不加倍保护自己不受她的侵扰，在这样糟糕的工作环境中，人人自危，没有安全感。

安全感是良好界限的核心，就像信任一样，会对一个人建立良好关系的能力产生终生影响。

如果你来自一个有界限感的家庭，你会在这样一个环境中长大：你感到自己被珍惜、被重视、被尊重，并且能够掌握自己的命运。如果你来自一个界限感缺失的家庭，就没有机会培养自己的个性，也无法脱离父母的掌控。界限感差的人容易侵犯别人的私人空间，因而大大削弱了建立真正的情感联结的能力。

如果你和一个没有界限感的人在一起，你可能会缺乏安全感，因为你在对方面前根本没有隐私可言。你不相信对方会尊重你的空间、时间、人或财产。甚至，对方会对你做出极其严重的越界行为，比如，暴力和恐吓。

最常见的越界行为是不尊重人。越界行为永远是不可接受的。

界限感缺失的人会让人在情感上难以靠近，因为在某种意义上，他们太容易接近了。一个缺乏界限感的人，没有自我意识，也不具备感受他人意识的条件。因此，在任何关系中，他们都无法察觉他人的情绪变化，也无法识别自己的感受。

相反，他们把心泡在苦水中，一旦有人接近，就会被淹没在无尽的琐事和索取中。在这段关系中，没有人可以从中获得安全感或真挚的感情。

控制欲

某些情感无能的人之所以孤独，是因为他们想要控制别人，无论是重要的人还是陌生人。

这种控制欲不限于行为，还可能会延伸到思维和信仰领域，这对双方而言都是危险的。操控型的人大多数时候都是痛苦的，因为需要一再考察被控对象，以确定控制是有效的。被控制的人大多数时候也很痛苦，因为他们害怕达不到对方的期望，以及由此引发的后果，即使这些期望可能永远不会被清晰列出或详细表述，即使后果同样未明确说明。

我第一次见到夏洛特时，她才 15 岁。她的父母对她突然不交作业、不上学、不见朋友感到很困惑。她似乎只想和她的猫玩耍。我听她谈了很长时间她的猫：这只猫有多可靠和安全，这只猫如何毫无保留地爱她，这只猫对她有怎样合理的期望，这只猫有多尊重她。这只猫是良好关系的无声代言人，不过认识到这一点也花了我们不少时间。

夏洛特的父母都是老师，他们对唯一的女儿抱有很高的期望。她有自己的梦想，父母也很支持。她曾是一名奥运会水准的跳水运动员，她还想上医学院。在变成“猫奴”之前，她是班上最受欢迎的女孩之一。

与我建立信任后，夏洛特开始向我讲述她父母不知道的故事。夏洛特在艾奥瓦州的某次游泳比赛上遇到男孩马克，他就读的高中距离夏洛特的学校约 50 千米。他的家人对他的期望也很高，要求他在班里名列第一、成为学生会主席，无休止地逼迫他成功。马克一直忙于满足父母的各种期望，他是父母眼中的完美儿子，但那些都与他的梦想无关。

当夏洛特遇到马克时，他正处在一个高压状态，不仅是因为父母的高期望，他的教练、顾问以及几所大学和职业体育的招生人员也在给他施加压力，让他选择未来。夏洛特立刻被马克吸引了，因为他“太可爱了”，还是一名优秀的运动员。她的温柔和信任也吸引了他。夏洛特知道她和马克的年龄差会让父母不高兴，更别说公开约会了，所以这段恋情她一直对父母保密，并对父母撒谎，这样她就可以偷偷去约会了。

交往不久，马克开始对夏洛特提各种要求。他让她在规定时间给他打电话，向他汇报行踪。他还极力要求她和他不认识的朋友断绝往来。实际上，他已经切断了她和朋友、家人的所有联系。夏洛特认为自己必须按照马克说的去做，因为马克是她唯一的盟友，也是她唯一的朋友。她告诉我，虽然他不太像一个盟友或朋友，但她不知道自己还能做什么。

马克的控制欲让夏洛特很有负担。为了逃离马克的控制和专横，她变得退缩起来，总是与猫为伴。然而，夏洛特的退缩使得马克加大了对她的控制，随着他的要求越来越苛刻，她变得越来越沮丧和恐惧。

我见过许多陷在操控型关系中都是成年人，但夏洛特的情况在青少年中并不罕见，她只是被操控型恋人伤害过的众多年轻患者之一。

夏洛特带马克来我这里做过一次心理疏导，我问马克想从这段情感中得到什么。得到的回答是，他想保护她以免被某些“变态”伤害。当我指出他对待她的方式有多可怕时，他不是很高兴。他很难认清自己对她的保护其实是一种虐待。

当马克开始谈论来自家庭、学校、竞技体育和个人目标的压力时，他变得焦躁不安，于是我问他感觉如何。“被控制，”他脱口而出，“我讨厌这样！”然后他看向夏洛特，在她面前挥动着手指。“难道你看不出，是你逼我这么做的吗？如果你对我说不，我早就不会那样了。”说完，他愤然离去。

夏洛特决定和马克分手——对于一个年轻女孩来说，这是个勇敢的决定，并把一切都告诉父母。她终于把作业交了——她其实一直都在按时完成，又回到了与家人、友人在一起的日子。夏洛特真是个幸运儿！

在操控型的人看来，若没有持续的监控和干预，他们的世界会很危险。他们不相信自己有能力塑造内在的安全感。他们极度关注外部世界，对自己或他人的感受往往知之甚少。他们只专注于满足自己的需求，即使这以牺牲他人为代价。

这是一种痛苦、孤立的状态，会让人完全丧失情感。如果一个人无法与自己建立联结，他也没办法和别人建立联结。

毒气球

如果你吹个气球，却没有系住口，然后放开它，会发生什么？它会以一种不可预测的方式在房间里飞来飞去，还发出讨厌的噗噗声，最后落在一个意想不到的地方，变得又平又瘪。当你把所有的情绪垃圾塞进一个“毒气球”，之后不再理会，就会产生类似的结果。最终，它会脱离你，完全失控。你不知所措，你的内部控制系统也跟着崩溃了。不管你愿不愿意，一切喷涌而出，造就了一个可怕的内部环境。

现在想想，如果你再吹个气球，但这次你用拇指和食指夹住气球口，然后稍稍漏一点儿缝，会发生什么？气球仍然会放气，但它不会到处飞。当它没气时，它仍在控制和预测之中。这就是治疗。

我有一位来访者，他是个真正的影迷，每当谈起自己的生活，他总会提及看过的各种电影。他的父亲酗酒成性，母亲情感缺席，他们多年来一直虐待他，于是他的毒气球一点点儿鼓了起来。他娶了一个女人，这个女人经常虐待他和孩子，让他们饱受身体和精神上的双重摧残，而她也来自一个虐待成性的家庭。他一直未能实现个人目标，对自己的失败始终心存愤怒和怨恨，却从不表现出来。他隐藏内心，把情绪上锁，从而保证自己的安全。

在某次面谈中，我们谈到小时候如何学习信任家人，突然，他脸上露出惊恐的表情。

“很抱歉，这些信息都在系统里。”他说。

“系统？”我以极平和的语气问道。

“在《捉鬼敢死队》里，环保局的官员来到捉鬼中心，关掉了禁锢鬼魂的系统，你还记得后面发生了什么吗？”

我告诉他，我记得一声爆炸后，鬼魂全被放了出来。

“是的，我也有个系统，每当我们谈论情感问题时，我觉得你会像环保局的官员那样进来，关闭系统，把我生命中所有不好的东西都放出来。”

一想到自己可能会被压垮，他就感到很害怕。他没有意识到，接受心理治疗可以帮助他不被压垮。我们花了很长时间来解决这个难题，最后才以一种安全且可控的方式逐步关闭系统。

系统或毒气球可能一开始会让人很有安全感，但一段时间后，想要持续巩固安全防线，就必须动用一个人所有的情感能量。因此，这个人没有多余的情感能量来建立关系，感受当下，或者习得新的情感技巧或经验。

这种状态显然会导致情感无能。它可以被逆转，但这要求屏蔽情绪的人愿意发现：他不用立即关闭系统或松开气球口！

毒气球测试

判断下列描述是否与你的实际相符，符合的选 T，不符合的选 F。

1. 我很少哭。 T F
2. 如果想哭，我会尽力阻止自己。 T F

3. 在我成长的过程中，我很少见到家人表达情感。	T	F
4. 情绪是令人尴尬的东西。	T	F
5. 小时候的很多事我都不想谈起。	T	F
6. 我认为，表达情感的人是软弱的或愚蠢的。	T	F
7. 在工作中情绪化的人，可能会毁了我们所有人。	T	F
8. 谈感情就是浪费时间。当人们使用逻辑而不是情感时，他们会做得更好。	T	F
9. 如果朋友想谈论感情生活，我会转移话题。因为那很无聊。	T	F
10. 当我听到人们谈论感受时，我不理解他们是什么意思。	T	F

选 T 越多的人，越有可能藏匿着一个毒气球。

家庭秘密

因原生家庭而藏有很多秘密的人，很难与人建立情感联结，因为他们从原生家庭中懂得，事情往往不是他们看上去的样子。

很长一段时间里，人们普遍认为，养父母应该对收养的孩子保密其为收养的事实。有的家庭会不遗余力地保守这个秘密，甚至当孩子发现并提出疑问时，也会极力否认。这个秘密有了自己的生命，比家庭成员的情感需求更为重要。

其实，很多家庭秘密都不算秘密。比如在我们家，我舅舅很早就离婚了，但我们被禁止谈论此事，尽管我们都知道。所有的表兄弟姐妹都会聚在小桌上，小声念叨着我们的困惑：为什么这明明是个秘密，却众所周知？

有些家庭秘密远比离婚或收养更有危害性。乱伦就是一个极端的例子。

我有一位来访者，她出生于北达科他州[5]一个偏远地区的大家族中。她的母亲也来自该地区的某个大家族，来访者大部分的社交活动都与母亲的家人在一起。不幸的是，这位母亲的弟弟是个恋童癖，然而，因为她的父母都害怕家族中的外祖母知道秘密后会伤心，所以集体保持沉默。因此，恋童癖舅舅的恶行被默许了。这个行为的后果相当可怕，他不但把手伸向家中的孩子，还执教过一支少年球队，他对孩子的兴趣给每个人留下了深刻的印象！

外祖母去世后，该名来访者和表妹决定是时候跟恋童癖舅舅对质了。她们选择在某次家庭聚会上质问他。她们原以为在与舅舅对质期间，其他受害者会纷纷站出来声援她们。相反，她们发现自己身处风暴的中心。她们所知道的那些受害者都在为舅舅辩护，她们则因为破坏家族团结而遭到冷嘲热讽。

在之后的心理疏导中，我努力帮她找回对自己和他人的信心，因为她周围的风暴还在继续，就连她的母亲都选择站在舅舅那边。经历了两个月左右的混乱局面后，一些积极的事情发生了。一开始，曾在舅舅执教的球队中的某个人挺身而出，向他提起诉讼。随后，越来越多的受害者公开讲述了自己的遭遇。这些揭露似乎为家族成

---

5. 北达科他州在美国中西部，地广人稀。——译者注

员提供了大胆发声的机会，有几位表亲承认，舅舅总是对他们无端献殷勤。

从这个案例中我们可以看出，一个秘密如何耗尽了整个家族及其成员间的情感能量。对于像来访者一样勇敢的幸存者而言，家庭秘密削弱了他们建立适宜的情感联结的能力。巨大的家庭秘密会造成巨大的情感创伤，也会让当事者变得情感无能！如果连亲情都不值得信任，你又怎会相信其他人给予的感情呢？

如果伴侣的原生家庭藏有危险的秘密，请记住保持良好的界限感很重要！人们很难容忍家里的内部成员泄露秘密，对泄密的外人容忍度会更低。你的角色就是支持伴侣找出秘密。这种支持需要策略和平衡，以防你的伴侣、他的家人或双方把你视为威胁。

如果伴侣的家庭秘密是“不要告诉任何人，哈里叔叔已经破产了”之类的，那你不去过问就好。然而，如果这个秘密是危险的，比如，乱伦、暴力等，可能会对你的婚姻或孩子造成不良影响，那伴侣将需要你的倾听和适当的支持，强化他揭露真相的决心，并采取相应的行动，比如一起去接受治疗，或者亲临冲突现场。

记住，要保持严格的界限，不要为你的伴侣做这些事，而是陪你的伴侣一起去做。

总而言之，很多造成情感无能的事，其核心问题大都始于我们的家庭或最初的关系，并一直延续在我们的一生中。这些核心问题往往与信任和安全感有关。如果人们没有学会如何信任——也就是可预见的、可信赖的、具有情感意义上的信任，他们日后就无法建立信任关系。相反，他们会用不恰当的方式来制造信任的假象。举个例子，有人试图通过完全控制他的伴侣，来建立一种看似信任的关系。

如果一个人没有从家里或父母那里获得安全感，那么，当他和别人相处时，就很难感到安全，也很难让对方有安全感。

为了建立一段关系，关系中的双方必须具备爱的能力，能感知到情感的存在。要不然，关系就难以维系。在下一部分中，我们将看看这些关系是如何形成的，以及该如何识别它们。

PART TWO

爱无能：情感类型如何影响关系模式

第三章

极度绝望：一厢情愿的爱情故事

现在来看下，情感无能的人在感情中是如何表现的。我们先回顾一些观点。

关系。我们在一生中花了很多时间讨论、担心、预测、分析、定义关系，并试图调整它以适应我们的需要。我们会与伴侣、父母、孩子、同事、咨询师、老板、下属，以及陌生人发生各种各样的关系。关系可以是充满激情的、没有激情的，富足的、贫乏的，单方面的、相互的，可控的、失控的，可预测的、随机的。

人际关系是生活的核心能量，它是驱动我们的引擎，也是我们定义自己成功与否的标准。它蕴有巨大的力量，可以帮助我们，也可以伤害我们。奇怪的是，在生活的方方面面，关系往往是我们觉得最难控制的一面。

人们最初会因为一系列的原因产生联系，但却因为完全不同的原因而在一起。友情和爱情之间有一道神秘的鸿沟：你哪点适合我？

这是一个很好的观察点，从中可以看到每个人都有一定程度的情感无能。有所保留是人的天性。人们把这种保留带入所有的关系中，由此建立各种联系。每个人的保留程度决定了每段关系的失衡程度。如果你是一个5%情感无能的人，当和一个40%情感无能的人在一起时，你很快就会发现，需要花很多功夫来维系这段关系。如果你们双方都是10%，你们可能会保持适当的距离，但彼此花在维持关系上的精力是差不多的。这并不代表这是一段健康的关系，关键在于，你们的起点是一样的。

还有一点很重要，那就是能够对这些差异以及由此产生的关系加以评估。这个评估包括仔细审视我们是谁。当我们清楚地意识到自我，找到梦想，也就拥有了生命中最重要的人。突然间，希望和未来照亮整个世界，一切似乎都变得更耀眼了。

不幸的是，我们在审视自己时，总是在寻找缺陷和不足，这可能会破坏人际关系，并赶走我们心仪的对象。我们变得过分警惕，时刻关注自己或青睐心仪对象的行为变化，连一丝细微的差别都不放过。

如果我们和一起踏上情感之旅的人都具备爱与被爱的能力，那么在这趟旅途中，每个人都会谨慎地思考、关注、评估感情的进展。每个人都会有恐惧、怀疑、重新考虑的时刻，以确保自己处在正确的人生位置上。这个过程对于形成健康、共生、有活力的关系是适当且必要的。

然而，当讨论情感无能的人所建立的联系时，用“关系”这个词有误导性。对于情感无能的人而言，他们之所以与人产生“关系”，更多是为了方便、增强或充实自己，很少与对方有关，对方只是满足他们需求的存在。

对于大多数情感无能的人来说，这一切都是无意识的过程，即使对象是自己潜在的伴侣，他们也可能是这样想的："让我想想，我怎么才能让朱莉心甘情愿地满足我的一切需求，除了痛苦和悲伤外，不求任何回报？"这种操纵行为只有最可恶的人才会去做。这类人确实存在，见《远离垃圾人，继续自己的路》这一章，但大多数情感无能的人并没有恶意，也不是有意制造痛苦。他们只是为了活着而活着，不和任何人建立联结，甚至不和自己建立联结。

事实上，当发现自己伤害了别人时，他们中的很多人都会觉得非常内疚。但他们没有能力去识别所感受到的情绪，或者传递给别人的情绪。情感无能的人倾向于远离任何情感内容，因为它太复杂、太神秘，而且往往也具有威胁性。然而，在你陷入守护者的角色，并自发去保护这个可怜人之前，请记住，这是一个解释，而不是借口。无论解释听起来多么合理，你都不必在一段不平等的关系中委曲求全。

如果在一段感情中，你付出了95%的爱，而对方只付出了50%，就到你该做决定的时刻了！你面临着很多选择：你可以安于现状，继续日复一日地忙碌，直到关系结束，独自承受所有的悲伤；你可以结束这段关系；你可以深吸一口气，投入到改变中去。

第三种选择需要勇气，你会发现，无论是你还是对方，都必须为了这段感情的存续而做出改变。治疗有时是过程的一部分，但也不一定。在探讨不同类型的关系时，我会指出治疗在哪些方面是有用的。促成改变的其他因素包括：开放式沟通、发展信任、双方都拥有更高的自尊，最重要的是愿意改变。我会在后文中详细讨论这部分。

现在，我们来看下第一类关系，也许就与你有关。

帕特丽夏的故事

我的朋友康妮·戴几年前做了一项观察，她的发现一直困扰着我。她注意到，约会本身似乎成为一种目的。过去，婚姻是约会的目的。你开始和某人约会，随着时间推移，这段关系要么成熟，变得更加完整，要么枯萎，你们分开。如果感情持续升温，你们会从“稳定”恋爱到订婚，再到结婚。这可能不是一个完美的规则，但它很好地让人们结伴而行。

现在规则变了。改变本身不是坏事，但它肯定会影响人们对待生活的方式，对某些人来说，困惑就产生了。举个例子，两个人长期住在一起，有两三个孩子，还养了一条狗、一只猫，却没有结婚，他们互相称呼对方为男／女朋友，我对此感到困惑。遗憾的是，这些形容远远不足以体现当前关系的现实情况。

对一些单身人士来说，他们越试图在新规则下定义关系，并改变自己的期望，他们的困惑便越强烈。

社会契约建立在期望和经验的基础上。经验告诉我们社会对我们的期望。期望则基于我们想从社会生活中体验到什么。这就是问题所在。如果我们的期望不现实或无法实现，沮丧和失望就会随之而来，而沮丧和失望的人并不能建立良好的联结。

那些不顾一切寻找真爱的人，看起来像是最能感知情绪和爱的人，其实不然。这种迫切的追寻压抑了一个人建立联结的能力，因为对联结的渴望占据了所有可用的精神能量。

帕特丽夏二十出头，她一边工作一边完成了大学学业。她住在一栋以单身人士占比高而出名的公寓里。她第一次来找我咨询时，泪流满面，焦虑不安，因为她的室友刚刚订婚，正打算搬去和未婚夫一起住。帕特丽夏和室友从小就是朋友。高中毕业后，她们合租了一间公寓，一想到要再找一个室友，帕特丽夏就不知所措。随着日子一天天过去，她也淹没在单身和孤独的想法中无法自拔。室友的订婚让她所有的情感都显露无遗。

除了寻找真命天子，安顿下来，帕特丽夏想不出别的，也说不出别的。但每一次约会，她都遵循同样的模式：遇到某个人，立即和对方展开聊天，话题全与他会是一个多么好的丈夫有关。如果他没有立刻求婚，她会马上开始另觅他人——简直不顾一切。

我问她是否对所有遇到过的男人都说了同样的话，也就是所谓的做丈夫的潜质，就像她告诉我的那样，她承认她可能是。我设法让她保持冷静，后来她遇见一个叫杰瑞的男人，他似乎对她很感兴趣，并愿意留在她的身边。

我继续鼓励帕特丽夏活在当下、享受当下，她努力了一段时间，但随着室友的婚期临近，她开始失去理智。室友邀请帕特丽夏来担任首席伴娘，也邀请杰瑞参加婚礼。帕特丽夏后来告诉我，那是一个无比浪漫的夜晚，他们跳舞时，她告诉杰瑞她爱他。但在婚礼结束后的第十天，她再次来找我咨询，因为从那以后，她再也没有他的消息。

“我确定他真的很忙，”她有些颤抖地说，“他的工作责任重大。”我温和地指出，他以前可以抽出时间陪她，并暗示她可能对他要求太多了。“但我想恋爱，”她悲伤地说，“我希望有人能爱我。”

帕特丽夏把杰瑞当成一个任务。她坚持不懈地追求他，不顾他一再明确表示对亲密关系不感兴趣，不顾我让她退一步来挽回一些尊严。帕特丽夏只专注于和杰瑞有一段永久的、忠诚的关系，即使他清楚表明，这不是他想要的。

她会长篇大论地说着自己对杰瑞的感情，但当我问她爱上他是什么感觉，她只顾说自己的需求。帕特丽夏看不到她的感情不是针对杰瑞的，而是针对自己的需求。因此，她并没有建立真正的情感联结。

许多人会混淆需求和感受，因为这两者确实是交织在一起的，尽管它们也是相互独立、迥然不同的。基本需求满足人的生存目标，包括食物、住所、安全——没有这些，人就无法生存。情绪和情感联结是另一个层面——这些会充实生活，但不是生存的必要条件。人们可以在没有情感联结的情况下生存，但缺乏情感联结，生活会变得单调、空虚。像爱和友谊之类的情感，给生活增添了温暖和质感，帮助我们更好地生存下去。因为情感的存在，我们与他人发生联结，生活也因而变得多姿多彩。

对于像帕特丽夏这样把爱归为一种需求的人来说，问题在于，对爱的追求不仅没有丰富生活，反而使其变得狭隘，以至于他们最终只能停留在生存层面——食物、住所、安全，并扼杀了通过家人、朋友和社群来丰富情感的可能。相反，他们唯一想的就是找到真爱，但讽刺的是，他们忽视了自己错过了多少爱！

杰瑞很快就被帕特丽夏的不顾一切吓退了，于是帕特丽夏不仅切断了与杰瑞的联系，也与其他可能更契合的人断绝往来。帕特丽夏选择了一种失调的关系来充实自己的生活，沉迷于一些永远不会发生的事情，让自己远离治疗和真正的联结。

如果你是某人的单恋对象，你就知道，被人单恋是很不自在的。我敢肯定，杰瑞对帕特里夏不恰当的关注和追求感到不安。与此同时，帕特里夏总想让我告诉她，杰瑞是个情感无能的人，因为他不回应她爱的需求。经过长时间的治疗后，帕特丽夏终于意识到，她才是那个情感无能的人，由于她的不合理期待，别的选择都被排除了。

在如此专注于寻找真爱的人看来，他们心仪的对象通常有情感缺陷。他们认为自己充满了爱，只是在等待合适的对象来挖掘。帕特丽夏一心想要找到真爱，于是她遇到了一连串的真爱。但她总是哀叹那些人情感无能，却没有意识到自己才是那个离爱越来越远的人。

更复杂的是，像帕特丽夏这样的人，有时会吸引另一个情感无能的人——两个 50% 的爱的结合。然后比赛开始，两人都在为掌握主导权而战。极度绝望者的信念体系得到强化，他们坚信没有人会回报他们倾注的爱。

极度绝望者距离潜在对象总是一步之遥，他们对情感依恋有着不可思议的标准，并夸大了爱情在生活中的作用。当潜在对象无法达到自己的标准和期望时，无论对方是否具备爱的能力，极度绝望者都会感到双倍的拒绝，因为这也是对核心自我的拒绝。

如果你从帕特里夏身上看到了自己，这并不意味着你注定要生活在无望的问题和无尽的拒绝中，除非是你自己的选择。你生命中的空虚，只能由你自己填满！当你和自己达成一种健康的关系时，你会变得更容易敞开心扉，也会给自己的生活腾出更多的空间，吸引别人进入。

极度绝望者自评

- □对潜在对象不切实际的期望
- □缺乏界限感
- □不断追求“完美伴侣”
- □立即坠入爱河，并告诉潜在对象
- □认为爱是一种需求

第四章

害怕亲密：若即若离的链式关系

并不是只有极度绝望的人，才会精心设计依恋和分离模式来保护自己的情感无能。某些人深陷在自己编排的舞蹈里，其复杂程度就连亚瑟·默里[6]都刮目相看，而只有与之共舞的人才会受到负面的影响。

人与人之间的链式关系（chain relationship），体现在一连串的亲密接触并间歇性地保持距离上。在保持距离期间，双方可以趁机弄清楚对方下一步会做什么。因此，这类关系的接触时间很短，距离感才是它的实质性内容。然而，若仍专注于接触时间的长短，这是不现实的。若专注于亲密度，并用它来定义关系，双方都会大失所望。问题不在于彼此之间的关系，而在于双方想要如何定义这段关系。

6. 亚瑟·默里是著名舞蹈教练。——译者注我将借助一个故事来阐明我的意思。我曾有幸和伟大的爵士大师迈尔斯·戴维斯交谈过几句，那是我听过最有智慧的话之一。我们讨论了音乐，他说："你必须意识到，音乐不仅与音符有关，也与休止符有关。没有休止符，音乐就只是噪声。休止符才是音乐的精髓。"

在链式关系中，关系是由距离感定义的，而不是短暂的接触。几乎所有人都可以在短时间内拥有一段亲密关系，难的是如何维持长期的亲密关系。如果一个人情感无能，受不了长期的亲密接触，他会努力维持一个可容忍的适当距离。

短暂而强烈的接触有助于保持对方对你的好感，也能让对方保持情感上的安全距离。我在纽约有一个朋友，她是某人的情妇。他在经济上承担她的一切开支，而他对她唯一的要求，就是随叫随到。她会为见面精心准备，包括大量购物、去美容院待上几小时，这样当他们碰面后，她会显得很迷人。然后，他们会在异国他乡度过一段田园诗般的美好时光，强烈的情感和联结充斥其间。当然除却会面，他们几乎没有联系。当我问她对此有何感受时，她说："短时间内维持一段感情，要比每天努力维系这段感情容易得多。"

她是一个魅力四射的女人，有钱，有颜，有才华，又有头脑。她也正好拥有她想要的关系，因为这让她能够专注于她真正的依恋——事业。而那个男人可以与一个美丽、善谈的女人亲密接触，这既满足了他的自我，又不会从他的婚姻中分割情感。但是，当她得了一种危及生命的疾病，需要对方提供持续性的情感支持时，问题出现了。那时，她开始意识到，当她对任何一段本可以完整的关系都无动于衷时，足见她有多么克制自己。我的朋友迈出了艰难的一步，她独自回到佛罗里达州的家中，结束了与已婚男人的关系。

后来，她逐渐从疾病中恢复过来，在这期间，她遇到了一位医生。现在，他们已经结婚了，两人的关系非常密切。

不知为何，可能从最初与父母的关系开始，情感无能的人 A 便认为，与某人过于亲密是有风险的，所以当 B 靠近，警报就会响起，A 就会后退。但这并不是结束，因为当 B 变得遥不可及时，A 同样会惊慌失措，于是 A 再次接近 B，直至关系亲密到足以引起恐慌，A 会再次后退。这种进—退—进—退的模式就像圈舞一样。被联结的人，也就是 B，不再能够信任或预测这段关系。相反，他活在持续的不安和质疑中。然而，大多数情况下，B 也有他自己的问题。

请记住，我们假设自己和伴侣处在同一层次上。从这个假设来看，一个合乎逻辑的大胆猜想是，如果联结无法实现，那一定是我们做错了什么。然后我们开始采取各种纠正措施，来修复一些我们没有破坏的东西。这只会产生巨大的挫败感，而且得不到回报！

如果双方都无法走近对方，当一方靠近，另一方会因感觉到威胁而后退，而后退的距离则保持在一定的范围内——不会太近，也不会太远。当一方后退，另一方则会靠近，但靠近的只是彼此口头上约定的安全距离。这种模式使双方的关系保持相对独立——既不太亲密，也不太疏远。感情的能量花在维持“完美”的距离上，而不是让关系不断升温。

哈里和琳达都是事业有成的人。他们在互为竞争对手的公司上班，并且在职业领域里与对方激烈竞争。在私人生活中，他们会参加职业协会的体育活动来打发时间。哈里是一名成绩接近职业水平的高尔夫球手，而琳达是一名锦标赛级别的网球选手。他们会精心安排和规划自己的工作和生活，很少沉迷于没有计划的事情。

哈里来接受治疗时谈到，他对琳达越来越不满，因为她不打算要孩子。他说，她明知道这是他三十岁以后的主要目标之一。我指出，他的言语听起来并不像是喜欢孩子，而是把生孩子当成要实现的目标。哈里听了愤愤不平。

“我们当然喜欢孩子。这是理所当然的。”

“这并不像你想的那么容易。婴儿会有很多需求，你牺牲了睡眠、时间、精力和金钱！”我告诉他，“你准备好放弃高尔夫去打棒球吗？如果孩子发烧，你准备好早点儿下班回家吗？琳达之所以犹豫，是因为她知道要做出牺牲却不愿意吗？”

经过几次治疗后，琳达也加入进来，很明显，两人都牢牢锁定在自己选择的轨道上——工作和生活。只要日程表是二维的，他们关系中的商业性就不是问题。然而，一旦加上第三个维度，即孩子的需求，就意味着他们平行又分离的轨道，将不得不做出改变和调整。他们或许能始终保持一臂之距，但婴儿是无法忍受这种距离的。

琳达和哈里必须先重建他们精心分离的联结，才能迎接孩子进入他们的世界。

如果你发现自己处于一段没什么进展的关系中，也许是因为你们之间保持了一定的距离。想要打破这种距离感，你需要冒着风险靠近对方，并在那里停留，同时鼓励对方和你一起步入更亲密的关系中。你不能太快或单方面这么做，所以第一步是，与对方就彼此的关系状态和可能发展的方向展开沟通。如果对方不愿意和你一起走这条路，也许是时候换一条路了！

有种关系也具有“进—退”的特质，但感觉更像是“你进我退”，就像跳恰恰，要么此方进，彼方退，要么此方退，彼方进。不像圈舞一样，距离感大于亲密感；也不像排舞一样，时刻保持一定的距离；在恰恰舞中，双方一直在交替寻求变动的亲密感。每一方都认为自己想要亲密关系，但当真正处于亲密关系中却会不知所措，于是后退。然后，另一方会主动站出来，直到无法容忍，于是后退。

在认真约会了八个月后，罗伯和艾普丽尔开始接受心理治疗。艾普丽尔对心理治疗不是很感兴趣，她来这里是为了让我告诉罗伯他错了，她才是对的。罗伯解释道，他想继续这段关系，但感觉艾普丽尔并不这么想。然而，当他问起时，她会告诉他，她对这段感情是认真的，只是觉得他在拖延时间。

有好几次，我尽可能地帮助他们彼此更好地沟通，清晰地表达自己的感受，试着更仔细地倾听，但我不得不承认，他们的关系陷入了僵局。我也被困住了，直到一两个疗程后，艾普丽尔问："罗伯，为什么我坐你旁边，你要稍微挪开一点儿？"

"你不也这样！"他回应道。沟通便到此为止。

"啊哈！"他们被我吓一跳，"你们经常会有这种感觉吗？"

罗伯说："每次我想靠近，艾普丽尔就会后退。我再靠近，她再后退。最后我厌倦了追她，就停了。她反而主动来找我。"

"那是你要离我而去的时候，"艾普丽尔很快说道，"但我靠近你，你又后退。为了让你靠近我，我不得不停下来。"

恰—恰—恰。我说："这是行动上的，那情感上呢？"

两人都点头表示："总是这样。我厌倦了。"

和其他舞者一样，罗伯和艾普丽尔之间的能量流，都被或进或退地消耗掉了。因此，没有留下任何可以联结的东西。双方都害怕放手，因为他们都相信这段关系是可行的。毕竟，它是如此活跃！不幸的是，它只是看起来活跃，其实没有进展，因为彼此都不愿意最先冒险靠近。

如果你不停地靠近、靠近再靠近，突然，对方觉得太近了，于是你后退、后退再后退；直到对方又觉得太远了，于是你再次靠近、靠近……恰恰恰恰……你深陷其中。想要打破这种模式，你需要培养对亲密感的包容心，而这要你不断实践，并交付信任。

探戈起源于阿根廷，是一种复杂、热烈、非常制式化的舞蹈。探戈关系给人这样一种感觉：其无止尽的固定步法和预定动作，代表着关系中的感情和地位。两人之间的能量流就像一个旋涡，将彼此困在一起，不停旋转，却不曾成长或改变。

安妮塔和罗恩本科毕业就结婚了，他们在大城市的郊区合伙做生意。罗恩有严重的身体问题，甚至影响到他的生育能力，但在结婚前，即便知道安妮塔非常想要孩子，他也没有告诉她。当安妮塔开始催他要孩子时，他试图把公司卖给一个竞争对手。安妮塔反对出售，罗恩便在他们的小社区里公开调情。安妮塔离开公司，重新找了份工作。作为回应，罗恩找来一个新的合伙人。在罗恩的刺激下，安妮塔开了另一家公司来竞争。安妮塔的生意一天天壮大，而罗恩则和她的秘书越走越近。

每一次行动都会触发一次反击，反击之后，又会遭到新的反击。在爱情和联结消失后的很长一段时间里，所有的行动和反击让这段关系继续运转。双方都忙着跳探戈，以致失去了看清自己或对方的能力。他们唯一能关注的，就是舞蹈本身的复杂程度。

当陷入了一段探戈关系时，你会感到很心累，因为你需要用愈加复杂的舞步和动作，来给这段关系注入能量。其实，与其被动反应，不如思考、表达你的感受，并要求你的伴侣也这么做。

在所有这些舞蹈中，双方都有某种程度的情感无能，我想重申一下，没有人总是能毫无保留地投入情感。每个人的情绪可用性都可能有低于 100% 的时候。也有一些完全没有情感的人，他们是危险、有毒的，因为他们无法建立任何形式的情感联结，而他们周围的人不得不承担所有的情感工作。不幸与他们为伴的人，得不到任何回报（详见《远离垃圾人，继续自己的路》这一章）。

一个人的情感无能程度决定了他的人际关系模式。在圈舞、排舞、恰恰和探戈中，双方的情感投入通常处在相同的范围内。因此，双方都有两件事需要克服：一是解决自己的情绪可用性问题；二是努力改变关系，使之更健康。

所有这些关系都以双方的高度警惕及低度信任为特征。双方因为错误的原因而互相妥协。他们不是通过联结来建立关系，而是凭借对彼此的警惕，所以他们总能在情感上保持精确的舒适距离。然而，他们无法在关系中达成平衡，因为彼此都有不同的情感安全区。于是，舞蹈继续，舞者一直在跳动。

要打破这种循环，双方都必须重新投入自己的情感，并相互信任，以重建更亲密的关系。这种重新投入需要彼此都有飞跃的信心，要下定决心面对最初可能的不适，要愿意追求更完整的情感和生活。

链式关系者自评

- □时进时退
- □双方都情感无能
- □双方都害怕亲密
- □以活动为沟通渠道
- □与伴侣互不信任

第五章

罗密欧与朱丽叶们：男人、女人和麻烦

他送鲜花、糖果和卡片，偶尔还会打些蠢蠢的、甜甜的电话，让你的心怦怦乱跳，就像在跳弗拉门戈舞。当你们在一起的时候，他是温柔浪漫的绅士，会亲吻你的手，为你倒香槟，深情地看着你的眼睛，对你展现出无限的柔情蜜意，你会被他迷住，心甘情愿投入他的怀抱。

一曲《迷人的夜晚》一直萦绕在你的脑海里，你发现自己在幻想着完美的婚礼、蜜月、此后幸福一生之类的事，还发现自己对乞丐和推销员格外友好，你知道原因所在。你已经完全进入了超甜蜜的梦乡！

然后，你开始焦虑：“他爱我吗？我好想知道。”你可能还有一些事需要考虑，如相容性、联系频率、关系进展、尊重、坦诚。或者，你可以直接问他。当然，这样做风险很大。他就像天边的星星，当被星星迷住时，我们中的大多数不愿意冒这个险，以免星星落入尘世。所以我们最终变得焦虑不安，整天不是盼着他打电话，就是盼着约会，期待某天他会说出来！也许吧。你甚至可能会在铺满玫瑰的小道上长途跋涉，幻想着去夏威夷度蜜月。你继续你的生活，一切都好像岁月静好。

然后有一天，你发现了一张买花的收据，但你不曾收到它；或是一张酒店的收据，但你不曾住过它，或者有一个陌生的电话号反复出现在来电显示上。于是你问罗密欧，而他给了你一个合理的解释，他在帮一个你从未见过的朋友追求一个你不认识的女孩。你爱他，并信任他，所以你接受了这个解释。但之后，他突然热衷于去某个你不认识的同事家里，直到凌晨才回来，还编了些蹩脚的故事，比如不得不开车送另一个人回家，油箱都跑空了，或者在比尔家睡着了。

你爱他，并信任他，接受了他所有的解释，但当你向闺密倾诉时，她们摇着头异口同声地说："也许是这样，但你可能要查一下。"后来有一天，最可怕的时刻来了。关于接下来的故事，我在来访者口中经常听到：一个自称是他女友的人打来电话；找到两张飞往牙买加的机票，上面写着他和陌生女人的名字；或者一个陌生女人找上门。你所熟悉的世界瞬间分崩离析。

这是怎么回事？为什么一个如此风度翩翩的人，却背叛了你的爱？这不怪你！罗密欧才是问题所在！他迷恋爱情里的浪漫，一旦要维持一段长久的感情，面对复杂的情感波动，他就丧失了兴奋和激情，因此，面对这份感情，他有种力不从心的感觉。于是，他选择背着你不断偷情，在这种关系中，他的浪漫需求得到满足，并重新感受到一些东西。请不要误解。我并不是说所有的偷情都是因为罗密欧综合征，人们偷情的原因有很多。然而，有些人会像罗密欧一样，无法持续一段长久的恋爱，因为他们想要的是一见钟情的兴奋感，而不是能够持续一生的更深、更微妙的爱。

这种背叛的痛苦，无论在恋爱中还是结婚后，都是可怕的，而且这种事确实很私密，但我再说一遍：这真的不怪你。所有这一切都是关于罗密欧和他自己的关系。

我要澄清一下。虽然男性罗密欧的数量远远多于女性的，但因此说女性从未有过这样的行为，是不准确的（而且是出于同样的原因）。

罗密欧这样生活，是因为他们无法感受更微妙的情感。相反，他们以更宏观的视野面对情感，认为情感是无比宏大的，期望所有的感受都配得上它。当爱情来临时，它确实是宏大的，但是随着时间的流逝，罗密欧感觉爱越来越小。

一个明显的思维偏差是，彼此越来越熟悉，便越来越乏味。爱当然有宏大的一刻，但也会静静流淌于两个相爱的人之间，他们彼此认同，相互尊重。另一个思维偏差是，甜蜜的恋爱里全是高峰，没有低谷，也没有坦途。它充满了刺激和戏剧性，很少是平凡的。随着恋爱谈得越久，这份爱对罗密欧而言越不重要，也没那么强烈了。于是，他开始追求更刺激的高峰。

那么，为什么要为了爱而背叛爱呢？罗密欧可能不认为这是背叛。我们来看看卢克的故事。我第一次见到卢克和他的妻子梅丽莎，是在我的诊室里。她在哭，他在一旁细心安慰——非常专注。他吻着她的手，轻抚她的肩膀，抚平她的头发，摸她的脸颊，为她擦拭眼泪。

我查阅登记表，了解到他们来这里是因为梅丽莎遭受了一些可怕的创伤。让我惊讶的是，梅丽莎写的是“丈夫外遇”，卢克写的是“我肮脏的小秘密”。

他们并排坐在诊室的沙发上。在卢克目不转睛的注视下，梅丽莎边哭边对我说，她最近发现一些线索，促使她和朱莉娅通了电话，才得知这个女人和卢克在一起已经六个多月了。卢克静静地坐着，当妻子说话时，他的目光一直落在她身上。

我轻轻地打断她的话，转而询问卢克的想法。他说："我真是个十足的浑蛋，竟然这样对我的好妻子。我希望她能原谅我。我很爱她，我不知道自己为什么要这么做。"我问他，是否为自己的行为向梅丽莎表示了真诚的道歉——这总能开启原谅之门，他向我保证已经说过了。

他一面说，梅丽莎一面摇头。我举手打断了卢克滔滔不绝的忏悔，示意梅丽莎说话："他告诉我，他觉得自己像只老鼠，是个浑蛋，他知道伤害了我，但他并没有真的心怀歉意。我只是想听他说，他很抱歉做出这种事。"

卢克再次说话："我对梅丽莎很不好。我不知道我为什么要这么做。梅丽莎一直对我很好。"

"卢克，梅丽莎只是想听你说，你很抱歉你出轨了。"

他说不出话来。我们花了好几个疗程来练习说"对不起"。在早期治疗结束后，他已经可以说："对不起，我伤害了你。"但从来不会说："对不起，我有外遇。"

后来，卢克找我单独面谈。在治疗过程中，卢克承认，在这七年婚姻中，朱莉娅只是他众多情人中的一个。他还承认，他不明白为什么要为此道歉，因为这些出格行为与他的婚姻毫无关系。他告诉我，他很爱他的妻子。

我请他帮我理解下这个意思。卢克解释道，在他的世界观里，他是"欧洲人"，很多欧洲男人都有情妇，他们的妻子完全理解这种行为。他继续说，他认为生活里爱情和浪漫缺一不可，他爱他的妻子，但浪漫要的是追求和征服的快感——这是他的妻子不可能做到的。

卢克来自美国的密尔沃基，他从未去过欧洲，更别说吸收那里的文化了，但是，他对某些欧洲国家包养情妇的理解，与他的行为选择非常吻合，因此，他决定这就是他的风格。

像卢克这样的罗密欧，认为自己有权利同时拥有妻子和情人，他不会为这两种关系之间的利益冲突而困扰，因为一种是为了爱情，一种是为了浪漫。在他看来，它们是两个独立的、毫无联系的东西，他看不出其中有什么关系，只知道“这让我与梅丽莎更亲密了，我的心因而跳动起来”。

卢克对他的妻子和情人都没有感情。他的感情全在强烈的浪漫上，这是他能够感受到的联结。甚至他的懊悔也很强烈，这让他看起来和梅丽莎重新有了联结。他就像处在灰色地带的人，只有当妻子极度伤心时，他才能看到她的痛苦，也看到自己的情感，从而细心地安慰她，因为这时的她已经从日常的情绪迷雾中走出，登上了他的高峰。他又一次在婚姻中找到了追求和征服的快感。他似乎很高兴自己的小秘密被发现了，因为这让他能够以一种他觉得舒服的方式与梅丽莎继续相处。

卢克看不到的是，他没有道歉，会破坏真爱的所有价值：忠诚、信任、坦诚和真挚，这一切，对他来说都不复存在。在他眼里，这段关系的价值在于满足自己对浪漫的渴望。经过了六次治疗，卢克才为自己出轨一事道歉，而他的道歉虚伪得可怕，以至于梅丽莎退出了治疗，并结束了这段婚姻关系。卢克完全被弄糊涂了，因为他觉得他俩的感情越来越亲密。他把梅丽莎强烈的愤怒误解为一种联结。由于它将他从灰色地带的迷雾中带了出来，他认为这是一种合理而恰当的情感体验。

我怀疑卢克和大多数罗密欧一样，很难识别任何不浪漫的情感。对罗密欧们来说，情感界限外阴云密布，偶尔会被愤怒或悲伤的雷鸣刺破。

由于罗密欧们无法触及自己的全部情感，他们试图将整个世界推进浪漫、追求、征服的场景中。我遇到的大多数罗密欧都从事销售行业，因为他们能从中获得追求和征服的快感。但是，不要指望他们会提供后续的客户服务。那太费工夫了。

关于罗密欧的另一个事实是，他们通常不会把自己局限于一段婚外情上，不管被发现时做出了怎样的承诺。这是因为对罗密欧来说，就像卢克承认的那样，浪漫和爱情不是一回事。因此，罗密欧的感觉是，他应该可以两者兼得，即使这需要不止一段关系。

除非他能与其他情感建立更多联结，并通过其他方式获得浪漫，否则你无法改变他的想法。罗密欧喜欢追逐，一旦熟悉后，作为初恋对象，你就不再有资格参与这项运动。你需要不断提醒自己，这些婚外情与你自身的价值无关，它们只是代表着罗密欧无法建立情感联结，不管他有多浪漫。记住，爱才是你真正想要的东西。浪漫应该用来增强爱情，而不是取代爱情。

罗密欧自评

- □一开始对对方很感兴趣
- □无故缺席、不明支出、迟到
- □浪漫但不擅长亲密
- □很神秘
- □擅长面对情感危机，却无法维持一段感情
- □肤浅且虚伪
- □与自己的情感缺乏联结
- □无法承认自己的行为
- □没有界限感

第六章

大脑优于心灵：理性人的象牙塔

彼得是一名医生，他在老年医学（针对老年人的尖端医学）方面有着丰富的实践经验。他深受患者及其家属的爱戴，他们一致认为他是一个完美的人。他的妻子西尔维娅是一名律师。她是一个热情、开朗的女人，为人处世周全得体。当他们出现在诊室的时候，西尔维娅泪流满面，彼得一脸困惑。

西尔维娅说："彼得把所有的情感能量都给了患者，什么都没给我留下。"

彼得摇了摇头："这不是真的。我在这里，不是吗？你知道你对我很重要。我一直试着告诉你，你在我生命中的位置。你知道你对我很重要。"

西尔维娅也摇了摇头："我什么都不知道，因为我从你那儿感觉不到任何东西。我只知道我看到的是什么——你把所有的情感能量都给了患者，而我一无所有。"

西尔维娅和彼得谈论的是两个完全不同的问题。她在谈论情感联结——两人之间的心心相印。他在谈论他的念头和想法。

西尔维娅与自身感受息息相通。任何时候，她都知道自己正经历着怎样的情绪，并且能够清楚地谈论自己的情绪状态。某种程度上，彼得认为情绪是一种智力功能，它不存在于情感性自我（feeling self）中，而存在于思考性自我（thinking self）中。

许多非常聪明的人，已经找到了一种方法来保证情绪安全，那就是将情绪拆分成零零碎碎的智力活动。彼得能够向他的患者及其家属展现看似情感的东西，因为他曾在过去有过类似的活动，并发现人们对他表现出的情感深信不疑。在彼得看来，用语言表达情感就是在体验情感。但他无法真正参与到情感过程中，并体会由此产生的感受。他害怕与自身的情感进行深入接触，所以他会极力避免。

彼得的方法在短期、非亲密的关系中很有效。而一旦要一直保持下去，他对情感的理智化就崩溃了，因为在表面的理智下，没有什么稳定的情感。因此，人的情感与想法是无法联结的。虽然这一说法看起来有点儿奇怪，因为两者都源自大脑，似乎是相互关联的。但这其实是陷阱。你对一种情感想得越多，你就越不可能体会它，也就越有可能继续用想法代替感受。

思考需要与思考的对象保持一定的距离。想象一下，如果你坐在木桶里滚下尼亚加拉大瀑布[7]，你会置身于这种强烈的体验中，被裹挟着沉浮，不太可能思考这个物理现象怎么解释，或瀑布是怎么形成的，也不太可能想到在你之前滚下瀑布的那些人。在某种意义上，你就是体验本身。一旦你获救，并在医院休养，你将有时间从各种

7.1901 年 10 月 24 日，63 岁的美国女教师安妮·埃德森·泰勒准备了一个木桶，在里面塞满海绵垫，成为第一个钻进木桶滚下尼亚加拉大瀑布的人。——译者注

可能的角度思考这段经历，以一种置身事外的态度体验、回味。

情感生活就像这样。当你处于情绪激动的时刻，你会迷失在情绪中无法脱身，也无力对它进行拆分、细化、分析。另一方面，理智的人总是与一切事物保持距离。他们习惯待在安全、遥远的地方观察自己的情绪，以此来免受情绪的影响。

彼得就是一个很好的例子。他告诉我，他之所以成为一名医生，是因为每个人都知道，当医生必须非常聪明。他说："我知道我很善于揣度别人，也很擅长理科，所以这似乎是一个自然而然的职业选择。我父亲也是医生，他很喜欢这份工作，我从他那里得知，这个工作收入不菲。我同时申请了法学院和医学院。当我先就读医学院的时候，我发现这似乎就是我要走的路。"他对工作没有激情，对人缺乏爱心，对他是谁、他能做什么没有情感联结。他很务实，也很有理性，是个绝对理智的人。

彼得不认为这是个问题。相反，他认为自己是一个理性、克制、深思熟虑的人，不会冲动行事，也不会只凭感觉做决定。西尔维娅多年来一直无法打破他的这种距离感，因为他无法看到自己在情感上对她造成的伤害。为了能与他探讨这种距离感，她现在唯一的方法，就是对那些得到他关注的患者表示不满，因为从她的情感角度来看，他在患者身上投入的大量精力，正是她极度渴望的情感联结。她看不出他与患者之间的联结只是表面的、暂时的。

从文化上讲，我们尊重聪明人。如果某个人很聪明，他可能是一个进化完全的人。毕竟，他听起来就完美，直到你打破他的那层外壳。就像乔治，他是我见过的最聪明的一个来访者，但也是最可怕的一个。

乔治很乐意告诉任何愿意听他讲话的人，他的智商无法用智力测试衡量，而且他是门萨俱乐部（世界顶级智商俱乐部）的一员。我个人的观点是，智力不仅仅是智商；然而，乔治不同意我的观点。他为军火商工作，主要管理极其复杂的计算机程序及相关硬件。他在这一领域具有丰富的知识和经验，在业内也很有名气。

但人们不知道他有多残忍。无论是对陌生人还是家人，乔治都实施过令人震惊的暴力行为。在法庭的命令下，他来到了我的诊室，因为他狠狠打了妻子，她决定对他提出控告，希望以此让他接受治疗。他虽然被迫来到我的诊室接受治疗，但对改变丝毫不感兴趣。相反，他想让我参与一场辩论，而他的论点是，心理治疗只是一场骗局。

每次我想和乔治谈一谈对妻子拳打脚踢的感受，他就会说治疗师都是骗子，只会从软弱、愚蠢的人那里骗钱。治疗没有任何进展，于是我转而询问他和弟弟的关系。他想了一会儿，试图弄清楚我的问题是什么意思，但接着他便开始说起他和弟弟中学时做过的好玩的事。注意，我问的是情感，他回答的是活动，这就是典型的理性人。

乔治描述了在芝加哥念中学时，他和弟弟常常出门暴揍流浪汉，他知道没有人会起诉他们，因为没人会相信两个成绩优异的学生会干出这种事。他还透露，他现在感到紧张或有压力时，就想找人痛打一顿。

我接着问他，殴打妻子是为了什么，他皱起了眉头："我觉得她不懂规则。她不明白应该就这么算了。我想不出她为什么要提出控告。她知道我不会杀她。我这么聪明，是不会那么做的，她也知道这一点。"他完全无法在理智或情感上承认，他正在给别人造成痛苦，无论是对他的妻子，还是对他自认为有权伤害的陌生人。这个男人让我觉得寒心，因为他与任何情感生活的距离都无比遥远。而一旦人们不同意他的理念，他就会被激怒。

乔治是一个极端的理性人，同时也是一个活生生的例子，证明了人们可能是各种情感无能的混合体。在乔治的案例中，他的一系列怪癖使他成为一个“有毒”之人，这种人无论如何都要避开。

不幸的是，他的妻子想让我来治好他（我没有弄坏他……我也治不好他），因为她相信，以他的聪明才智，是有能力建立情感联结的。这个推断是错误的。他无法与人建立情感联结，甚至对此不感兴趣。他来接受法官强制的10次治疗，每周都让我精疲力竭，因为我试图找到他的软肋，帮他感觉自己是一个有情感的人。

我知道，如果他与自己建立了情感联结，可能会陷入情绪的泥沼中难以自拔，因为他终于意识到自己多年来对别人造成的伤害，但我准备帮助他克服这一点，只要他愿意尝试一下。我认为，这是能使他的妻子免于他的暴力的唯一方法，因为只要他不对自己造成的痛苦理智看待，他就不是一个非常安全的人。从某种意义上说，乔治伤害了他遇到的每一个人：家人、朋友、同事、法官，还有治疗师。他坚持自己的理智立场，无法从理性的牢笼中释放自己的情感。

乔治的妻子参与了最后一次治疗。我告诉他们，我需要通知法官，乔治不服从治疗，也不愿意改变。随后，乔治想发起一场关于“服从治疗意味着什么”的辩论，但我告诉他，我不打算这么做。然后我表示，如果他的妻子允许他回家，我担心她的人身安全。听了这话，乔治跳了起来，凶神恶煞地朝我扑过来。我看向他的眼睛，里面没有任何感情，我吓坏了！他的妻子缩在椅子上呜咽。我不知道该怎么办，只好让我的情绪来引导自己。我站起来，向乔治走去，两眼盯着他，说：“你无须把你的生活搞得一团糟，就和你的行为一样。如果你敢碰我，你就会进监狱。”令我欣慰的是，他犹豫了一下，于是我补充道，“现在坐下吧。”

他本可以朝我挥舞拳头，但他还是照做了。但请注意，这并不是情感上的突破。我所做的一切只是让他回归理性——伤害我，就去坐牢吧。他不想进监狱，所以没打我。

如果你和一个理性人在一起，你永远都不会缺少解释一切的理由、原因、想法和概念，但你会缺少感觉、情感和联结。要打破这种严防死守的系统，需要双方共同努力，也需要花时间练习，而不是不停地思考。

好的情感体验，就像其他美好事物一样，需要练习。语言、亲密感和情感交流都会随着使用得到改善，但伴侣双方必须都愿意为此承担风险，并行动起来。如果一个人用大脑沟通，另一个人用心灵交流，那么你们根本就不在一个频道上。为了维持身体或情感上的亲密，你们必须处于相同的频道，承诺一起面对，然后练习、练习再练习。

理性人自评

□很难拥有亲密关系

□过度分析问题，忽视情感内容

□与自己的情感缺乏联结

□以智力成果为傲，忽视情感联结

□无法识别自己或他人的情绪

□戒备心很强

第七章

权力失衡：非输即赢的关系模式

我曾开过一门专门指导夫妻如何解决冲突的课程。当讲到关系中的权力失衡时，我回想起某节课上的一对夫妻。他们两人之间有年龄差，年龄差并不一定意味着权力失衡，但他曾是她的老板，他的公司在当地以家长式作风和歧视女性而出名。

那个男人坐在位子上，双臂交叉抱于胸前，当我谈到良好沟通在感情生活中的重要性时，他轻蔑一笑。那个女人显得很紧张，每次说话的时候，她总会用眼角偷瞟男人的脸色，一旦察觉到他不赞成，哪怕只有一丁点儿，她就会避而不谈。

在上半节课结束时，房间里的其他夫妻在面对面进行沟通训练，旨在帮助彼此敞开心扉，这对夫妇则静静地坐在一旁。我走过去鼓励他们试一试，那位丈夫却摇了摇头："不，我们不会做的。你知道为什么吗？因为她得到了所有她需要的沟通。我告诉她我要什么，她就照做。她在我公司里当职员时是这样，现在也是一样。"然后，他们起身离开了。直到今天，我也不知道那位妻子是否还在忍受那种行为。我也想知道，她为何选择嫁给那个男人，以及她是如何让他前来听课的。顺便说一句，我拒绝了他们的退费要求！

在任何一段关系里，权力斗争都是一个永恒的问题——不仅发生在恋爱（夫妻）关系中，也发生在朋友之间，发生在学校、职场、商场，以及人类文明舞台上的其他领域里。争夺支配地位的斗争是永恒的，也是本能的。这是达尔文“适者生存”法则的基础，也是一个物种能够生存下来的原因。争夺控制与权力的问题在于，它将关系里的两个人一开始就置于赢家或输家的位置上。这为不舒服的关系和更多的权力斗争奠定了基础。

这里暂时离题一下，谈谈屈从和服从之间的区别。这个区别正是一段关系中权力斗争的核心。重要的是要记住，如果人们能够保证权力基础一直运作，问题就能得到最有效的解决。

屈从是指保有你的个人权力，同时允许对方获胜。从实质上讲，你的潜台词是：“在这场谈判中，我选择让你得到你想要的。选择让你赢，我就不算输。”服从指的是，对方在未征得你同意的情况下，夺走你的个人权力。篡夺者的潜台词更像是：“我想要什么就要什么，我才不在乎你呢。”二者的立场显然不同。你可以看到，前者体现了赋权和尊重，而后者则直接通往糟糕的关系。

我经常建议那些陷入权力斗争的夫妻在谈判时，采取“我想让你赢”的立场。如果彼此都愿意为对方低头，让对方占上风，各自便会主动寻求能改善对方处境的解决方案。当彼此都想让对方感到幸福，双方都会觉得很满足。当双方都觉得满足，就有一个双赢的结果。

执着于输赢的权力斗争，是权力失衡关系的特征之一。想想我课上的那对夫妻。妻子试着找出一种方法，至少能从这段关系中拿回一些权力，但丈夫一直拥有绝对的权力，而且一点儿也不打算放弃。妻子只有两个选择：要么按他的规矩生活，要么离开。

如果你觉得自己为了维持关系应不断让步，那你就处于权力失衡的关系中。还有其他更为严重的迹象，包括你感觉自己在一段关系里没有发言权，或者你总是那个不重要的人。如果你发现自己总是在做不喜欢的事情，在不喜欢的餐馆吃不喜欢的食物，和不感兴趣的朋友一起玩，或者去不想去的地方，你可能需要看看你们之间的权力基础。或许，你还要问问自己已经给出了多少权力，因为这是你最不抗拒的方式。

在多数案例中，人们会告诉我，只要彼此在一起，谁来选择电影或餐厅并不重要。胡说八道！如果你经常把自己的权力让渡给别人，你会招致可怕的麻烦——不是因为你可能永远无法在你最喜欢的餐厅吃饭，而是因为你在使自己低人一等的心理状态。

让自己陷入被剥夺权力的境地，会带来一系列的负面影响。

第一，你的自尊会随着时间的推移而受到打击，面对层出不穷的“你不值得”，你苦苦维持着自我价值。

第二，你开始将这种无力感延伸到其他关系中，就像在极力证明自己放弃亲密关系中的权力是合理的一样。你开始把权力让渡给你的老板、同事，甚至陌生人。这就好像你试图通过分散个人权力来让一切都好起来。但这样做只会大大降低你的自尊心。

第三，不是所有的权力失衡关系都带有暴力性质，但大多数暴力关系中都存在权力失衡。在这些关系中，双方都觉得对方拥有全部的权力。有暴力倾向的一方试图用武力来平衡这种不平衡状态。而受害的一方则认为，对方拥有所有的权力，因为他更强大，更暴力，更难以预测。事实上，他们都没有任何权力，因为他们从未要求过这些。

失去个人权力，通常是缓慢而微妙的过程。你可能需要一次心灵之旅，来思考自己是否为了维持相互之间的关系而放弃了个人权力。也许你们关系中的权力失衡是良性的，这主要与习惯有关；也许你的伴侣在咄咄逼人地夺走你的权力。但无论是哪种情况，继续下去对你都没有好处。

随之而来的是情感无能，因为维持、监测和控制彼此之间的权力流动，会消耗掉所有可能用于建立联结的情感能量。

那么，你要如何中断权力流动，并达成平衡呢?

1. 培养自己的自尊心。相信自己是一个有价值的人，在任何时候都值得被善待，还要保有自己的权力，这是恢复自尊的关键。没有人能比你更好地照顾自己!
2. 保持选择的开放性。拥有选择自由，就拥有个人权力。
3. 当你觉得对方试图把你摆在低人一等的位置上，你要主动出击。你可以通过建立明确的界限，变得更有自信，从而做到这一点。

自信的语言。承认并尊重他人的个人权力，同时仍然说出自己想要什么或需要什么。

“克拉克先生，我想周二请一天假，但我一定把工作安排好。”

“哈里，谢谢你帮我准备派对。”

“朱莉，我不喜欢借人钱，但我很乐意帮你算下预算。”

攻击性的语言。无视他人的个人权力，只会不计代价地夺取自己想要的东西。

"我周二有事。"或"那又怎样？我周二请假了。"

"哈里，你最好来帮我准备派对，不然你就死定了。"

"别找我！"

自信的语言，是指请求得到你需要或想要的东西，且不以牺牲他人的利益为代价；而攻击性的语言，则是在命令、威胁、无视他人，或对他人不敬。

要想变得自信，需要多加练习。它需要一定程度的自尊，即坚信自己理应得到想要的东西。当然，你的要求必须是可行的、可实现的、合理的，你不能要求自己变得更年轻、更高。当你变得自信，你能得到更多的合作、更多的尊重和更好的沟通。

不管在什么情况下，不管是什么形式的家暴，都是不合理的。这是肯定的！如果你觉得伴侣失去了控制，请打电话报警，或者赶紧逃离。不要试图和一个失去理性的人讲道理。要不惜一切代价保护自己，免受伤害。

然而，即便没有身体上的暴力行为，权力失衡在人际关系中也是不健康的！至关重要的是，千万不要让任何人虐待你——口头上、情感上、性上、经济上、道德上或身体上。你值得被倾听、被尊重，值得保有自己的权力。你也值得拥有一段亲密、平衡、真心相爱的关系。当你达成权力的平衡，你就打开了一扇门，让情感联结有了成长的空间。

权力失衡者自评

- □采用非输即赢的方式解决冲突
- □一方想要掌控这段关系
- □一方一直在让步、迁就
- □权力小的一方缺乏自尊
- □权力大的一方缺乏自尊
- □存在攻击行为
- □伴侣之间没有建立情感联结

第八章

冒险者：一段错误的边缘关系

我曾经见过一对夫妻，他们的行为表现糟糕至极，是边缘关系中极端的一类。在讨论那些更常见的边缘关系之前，我先简单介绍下他们的情况。

米基和乔茜相识于高中，大学毕业后就结婚了。乔茜来自一个疯狂又富有的家庭，而米基来自一个疯狂、富有的犯罪家庭。在经历了两年的吵吵闹闹后，他们离婚了。为了报复对方，没过不久，两人便各自成婚。后来，他们在购物中心偶遇，接着去旅馆开房，待了两周才分开，事后还打电话给对方的配偶相互告发，导致双方的婚姻都以离婚告终。

随后两人复婚。过了不到一年，他们又离了，但在离婚前，她烧了他的跑车，他把她所有的衣服都捐给了公益组织。在这次报复性婚姻中，他们有了孩子（孩子不幸成为这场情感灾难的无辜的旁观者）。当我得知米基在此期间还坐过牢，我一点儿都不惊讶。

这三年来，他们找我做夫妻治疗期间，他们的心不断向彼此靠拢。在乔茜的父亲去世后，她继承了全部遗产，为了追求虚假的快感，她开始滥用药物。他们的婚姻也再次恶化。每次来治疗，他们就像进行一场律师之间的对决，双方都极力为自己的行为开脱，觉得自己的粗鲁、小气、失礼、刻薄是为了吸引对方的注意力。

显然，这是一段边缘关系。这也是一对极其有毒、纠缠不清的夫妻，丈夫过分偏执，而妻子有许多长期的毛病。但是，这个案例强有力地证明了：一段错误的关系，无论错得多么离谱，仍然可以继续维持下去。这就是边缘关系的完美典型。

一般来说，边缘关系的特征是，双方容易做出针对对方或整个世界的过激行为。彼此似乎只有通过疯狂的行为才能建立联结。最简单的例子是，两个人为了一件微乎其微的小事动手打架。我们可能听过一句话："越吵越痛苦，也越吵越恩爱。"这就是边缘关系的主旋律!

那些被边缘关系吸引的人，也会被危险吸引。这种危险可能来自身体方面，也可能来自情感方面，但其效果就像一个人试图以最恶毒的方式伤害自己的最爱一样。

另一个比较常见的案例要数加里和琳达。

琳达在和加里交往四个月后意外怀孕，随即闪婚。遗憾的是，当琳达认识加里的时候，她已经和别的男人订婚了，而在他俩深入交往前，退婚这事一直没有得到解决。因闪婚（还引发了一点儿家庭"骚乱"）、怀孕和生娃而来的兴奋感，让他们顺利度过婚姻的第一年。当他们结了婚、当了父母，还成了成功的商人后，兴奋感逐渐消退，他们开始将关系中发展不充分的部分视为缺陷和裂痕。

由于彼此经验不足，缺乏感情基础，所以面对这些问题，他们总是以抛弃作威胁。他们不止一次向对方打出“离婚”这张牌，而且都觉得不再信任对方了。尽管如此，他们还是不想放弃孩子和目前舒适的生活。他们彼此还爱着对方，却无法意识到这一点，因为他们的爱情是在结婚、孩子、事业、混乱等各种兴奋点的阴影下催化的。他们关系的焦点是摇摇欲坠的生活，而不是爱情。

加里和琳达，像许多夫妻一样，只有当关系濒临破裂，才会意识到自己所做的一切都不起作用。夫妻间出现裂痕是危险的，但对于那些处于边缘关系的人来说，裂痕是他们再熟悉不过的东西。有时，当夫妻俩窥见离别和结束后的孤独与悲伤，裂痕便会自己愈合。他们可能各自后退一步，满怀决心解决问题。这种情况通常发生在长期、成熟、感情基础牢固的关系中。

有些夫妻则会靠近裂痕，看看还有什么可能，然后想着“管它呢”，亲手把自己推入深渊。这些关系从一开始就是无望的，上面遍布伤痕，而在伤痕变得致命之前，双方都没有给自己时间去愈合。

加里和琳达多次靠近裂痕，又多次后退，但每一次的靠近都很痛苦，都在一步步蚕食他们本就微薄的感情基础。他们似乎不知道该如何停下来——对他们来说，没有中间地带。除非他们之间的沟通方式彻底发生改变，否则长此以往，他们肯定会落入深渊。

沟通是理解为什么边缘关系是不可行的关键。当冲突或被抛弃的威胁频繁出现，一部分原因是，伴侣双方可能无法进行情感上的沟通，或者是他们可能根本没有触碰到自己的情感。

在米基和乔茜的案例中，他俩都不太清楚自己的感受。一切都是对外界刺激的反应，所有的反应都非常强烈，与眼前的情境极不相称。在一次治疗中，为了“上次谁给孩子换的尿布”这个问题，他俩发生了激烈的争吵。在我帮助他们走出争吵怪圈之前，两人的冲突一直在升级。米基后来告诉我，他们离开诊室后非常兴奋，直接就去旅馆开房。对他们来说，边缘关系带来的快感，显然有性的成分。性通常是吸引边缘夫妻一再走到一起的磁力之一。

再看看加里和琳达，他俩的感情是真实存在的，但由于缺乏经验，不善于读取和解释彼此的情感，他们不得不诉诸极端的威胁，才能察觉到对方的关注。

无论是米基和乔茜，还是加里和琳达，他们之所以在情感上无法联结，很大程度上是因为沟通不善。

米基和乔茜都出生在一个非常混乱的家庭里，在那种环境中长大的人，没有一个是安全的，也没有一个是可捉摸的。不难想象，他们后来是如何成为自己人际关系中的混乱制造者。如果你的原生家庭并不混乱，那对你而言，生活在一个处处受限制、经常被警方传唤、时不时打架的世界里，听起来就很可怕，但米基和乔茜却觉得这很正常。

现在你可以理解，为什么在听到来访者说“我只想过正常的生活”时，治疗师会突然退缩，就好像这是（a）可以界定的，且（b）值得向往的一样。

然而，像加里和琳达这样高素质的人，很难让人看出因情感无能而产生的孤独感，因为他们非常擅长隐藏情绪。加里和琳达非常清楚人们对联结的渴望，也都懂得如何凭借自身的社交技巧和业务能力，让自己看起来与他人有联结。然而，一旦要维持长期联结，他们的系统就会崩溃。虚假联结需要消耗大量的精神能量，这样的消耗无疑要付出代价。最终，整个系统突然崩溃，他们不得不一步步走向关系破裂的边缘。

加里和琳达也都成长于一个混乱的家庭，这种混乱在他们身上均有体现。加里一直未曾见过生父，生父的名字与缺席原因是这个家庭最大的秘密。加里只知道继父收养了自己，还和自己的母亲有了另外四个孩子。加里从未觉得自己是他们中的一员，所以除了被生父抛弃的痛苦外，他还必须保护自己不受重组家庭的伤害。

由混乱的原生家庭引发的情感无能，其实是一种保护机制。身为混乱家庭中的一员，他意识到，如果自己太敞开心扉，很可能成为受害者，所以就建起一堵墙，不让别人轻易触碰他的情感，包括他自己。直到成年，这堵墙仍然完好无损，致使混乱的家庭生活再次上演。

琳达的原生家庭也很混乱，但有其独特之处。她称自己的生父为“魔鬼”。事实上，据我所知，这可能是她对他最好的评价了。她儿时的执念是，保护家人脱离父亲的魔爪，因为父亲是一个“疯子”，总会毫无预兆地出现，引发一场情感大混乱，然后消失，独留母亲来替他收拾烂摊子。因为母亲的情感也受到了伤害，她收拾残局的方式主要是防御性的，效果不是很好。每当母亲不堪重负、快要发疯或压力过大时，她就会离家出走。她会不定期消失几天或几周，而在此期间，琳达的外婆会过来照顾孩子们，但从不告诉他们原因。当母亲回来后，外婆就会离开，连一声道别也没有，更别说解释了。琳达很快学会封闭自己，与家人保持距离，以保护自己的情感。她用高强度的活动作为护盾，总是辗转于各种功课、课外活动或运动之间。这样，她就不用与家人接触，也不必感知他们的情绪。

那么，曾拥有快乐童年，没有在原生家庭中受过伤害，却发现自己奔向破裂边缘的人会如何呢？我们做了一些这方面的研究，研究对象是一群来自相当“正常”的家庭的女性，但成年后总是陷入虐待关系，受到情感或身体上的创伤。我并不是说她们明知道会受虐待，还一头栽进去。我的意思是，随着时间的推移，当夫妻双方试图以自己习惯的方式强行调试关系，虐待或控制（口头虐待）关系就会出现。如果某一方的家庭有用暴力、权力失衡、言语虐待、猜忌或控制手段解决问题的黑历史，那么当双方发生正常矛盾时，这段关系很可能会变成虐待性关系。

一项研究表明，一个童年不曾受过虐待的女性，仅仅经历了六个月的虐待关系，在许多方面就表现得像一个童年受过虐待的成年幸存者。这里传达的悲伤信息是，无论负面经历何时出现，它都能深刻改变我们的生活。这条信息告诉我们，在人际交往中，要做出正确的选择！

边缘关系不仅存在情感风险，也存在人身风险。我认识一对夫妻，他们总想在行为的危险性上胜过对方。他玩跳伞，她就玩滑雪。她想要一只猫，他就买了一只豹猫。他们还计划冬天去北极旅行。

对这些人来说，人身风险的刺激性，掩盖了他们对关系的不满。他们在家待久了就会发现，除了敢于冒险外，他们几乎没有什么共同之处。这个发现多次让他们濒临情感破裂，但他们的修复方式是再来一场冒险，将彼此结合在一起。

如果你们的关系一直在边缘徘徊，你可以用更有效的沟通和更强的情感联结来扭转这种局面。

生活里偶尔来点儿刺激和危险是有趣的，但如果你期待彼此的关系能走向成熟，这就不是长久之计。在不走极端的情况下，保持自己觉得舒服的状态，不仅需要觉知和沟通，也需要不断练习，以保证自己中道而行，不偏不倚。

冒险者自评

- □以活动代替情感
- □来自身体和情感上的挑战
- □频繁冲突
- □被抛弃的威胁
- □双方行为极端
- □缺乏沟通
- □与“小”情绪脱节

第九章

“致命”秘密：真真假假的情感陷阱

真实和坦诚之间有什么区别？真实是可证实的事实。你可以把它贴在墙上，看着它。你可以证明它。本质上，真实是永恒不变的。例如：万有引力定律是永恒真理；你要么在图书馆，要么不在。真实是有具体证据支撑的可证实的事实。

另一方面，坦诚关乎情感和感受。它是会改变的。今天，你可能很爱你的男朋友。明天，你可能发现他已婚，还有两个孩子，你的感情也会因此发生变化。今天的你可以诚实地说爱他，但你无法预测明天的你会有什么感受。你只能靠猜。当你谈论情绪时，没有什么是绝对的，因为情绪是人类状态的一部分。

因此，当有人说“我和你说句真心话”，你可以（如果你同意我对真实和坦诚的定义）假定，他是在谈论情绪。同样的道理，如果有人对你说“我和你说句实话”，你可以假定，他说的是事实。用这样的线索来判断一个人的立场，是不是很好用、很方便呢？

不幸的是，我们时常会混淆真实和坦诚的含义，并倾向于将它们互换使用，这就带来了很多困惑。如果你正在和一个情感无能的人交往，而他提出要和你说句真心话，这可能意味着，他既没说真话，也不值得信任！

有时候，情感无能的人会用“我和你说句真心话”来保持你们之间的情感距离，这样他就可以控制局面，而不必在关系中投入自己的情感。在这种情况下，这个人保护的可能不仅仅是他的情感性自我。我来举个例子。

威廉和萨拉结婚快二十年了。他们是典型的城市夫妻。两人都在城市生活和工作，没有孩子，有大量的投资和丰厚的养老金来保障他们以后的生活。在来找我之前，他们已经提过好几次离婚。他们想从我这儿确定，要不要结束这段关系。

威廉和萨拉之间的问题是：男方有外遇，但他不认为这是个问题，因为他在外遇时就把这事告诉了她；另外，他还用言语辱骂她。当被问到辱骂的内容，她说：“威廉每次会说‘我和你说句真心话吧’，然后就对我说些很可怕的话，比如我又矮又丑，配不上他。”听她这么说，威廉一下被激怒了。“我说的是真的。萨拉不好看，这让我很伤心。她留短发，还胖，要减肥，不然我俩看起来完全不相配，为此我真的很难过。我也很想哭，她都四十多岁了。但我没有辱骂她，她那样说才是在辱骂我。”

我问他，如果觉得彼此不合适，为什么不和她离婚，威廉说：“如果离婚，我的家人会非常难过。在我家里，只有我的姐妹们离婚了。”

威廉出生于一个大家庭，说起兄弟姐妹，他带着轻蔑又钦佩的双重情感。他说，他和兄弟们都很成功，但他的姐妹们却很“弱势”，有两个还离婚了。

我问他，是否知道她们的问题是什么，他微微一笑，说："她们就是想让别人认为我们的童年很悲惨，这完全是谎言。我们有一个美好的童年。"他对导致离婚的问题只字未提。

我注意到，在他的信息登记表上，他对"你是否遭受过性侵犯？"的回答是"是的"。当我问起这事，他耸耸肩，轻蔑地挥了挥手："是有两次，但那根本不意味着什么。"我告诉他，我很高兴他能从这些问题里走出来，他摇了摇头："我不知道你说的'走出来'是什么意思。我对自己说那并不意味什么，所以它什么也不是。"

受侵害绝对不意味着什么！但被当作物品对待的经历，会永久地改变一个人看待世界的方式。如果一个人连最私密的空间和自我都被人侵犯，权力也被人夺走，这个人就再也不会感到安全。我对威廉说了这番话，他却说："我跟你说句真心话吧。对于棒球教练和牧师那时候对我做的事，我没有什么反应，觉得毫无意义。看吧，我可以谈论它，这并不重要。"根据观察，我又一次发现，被他人侵犯和剥夺权力是可怕的经历，如果施虐者是某个值得信任的人，情况会更糟。他再次表示不屑。

后来，我们谈到他的外遇，他说："这不是我的错，是莉莉强迫我的。我只是刚好在那儿，是她主导了一切。"我突然明白了，威廉认为只要他不主动做些什么，事情就不算发生。当我指出这一点时，萨拉立刻表示赞同。她形容他像一只"被车头灯照到的小鹿"，一旦碰到冲突或需要对他人设限的时候，就会呆住一动不动。她含泪补充道，原来她才是那个逼婚的人，现在她明白了，如果不是她逼迫的，他们永远不会走到结婚这一步。

威廉很生气："你因为别人勾引我，就逼着我离婚，这不公平。我的家人会怎么想？"

威廉既不真实，也不坦诚。他已经重构了一张错综复杂的现实之网，若要将他的婚姻、外遇或受害经历等任何情感内容重新添加进去，他将不得不着眼于这突如其来的一切，而这会一下子压垮他。

相反，他着眼于表象（外表、体重、形象），并试图将其作为自己的情感设定。此外，他把自己塑造成受害者，因为别人的问题而受尽伤害。当威廉攻击萨拉的外貌、发型、年龄和体重时，他的说辞是萨拉的这些缺点伤害了他。

威廉想通过伤害别人来夺回自己的权力。他无法面对自己的真实情感。为了感到安全，他需要扮演受害者的角色，因为只有这样，他才不必为自己的不反抗承担责任，无论是当时还是后来。但他也需要扮演施害者的角色，才能与任何可能靠近他的人保持距离。

他是个完全情感无能的人，被困于某种边缘地带，越来越远离现实，无法诚实地对待自己的情绪，也无法面对发生在他身上的可怕事实，以至于将这一切无限推后并隐藏起来。威廉生活在一个虚构的现实中，既不真实也不坦诚。

在一段关系中，“致命”秘密的存在，会阻碍坦率、真诚的联结。

这类关系图景的另一面是间谍的谎言。对情感无能的人而言，与其死守自己的秘密，不如透露一点儿细枝末节来吸引你的注意，然后揭露关于你的一切。通过这种方式，他会剥夺你的权力，让你成为受害者。

这段关系可能会从很多问句开始。每个人都喜欢被问：“你在干什么？你怎么认为？你喜欢什么？”这些问题让我们觉得自己很重要、很有趣，所以会尽量给出详尽的答案，好让对方能全面了解。这种彼此间的信息互换，是了解过程中很自然的一部分。

不自然的是接下来发生的事。你可能会发现他在查看你的手机或翻看你的邮件，或者他会对你的支票簿或日程表过于关注。当然，极端的情况是，他可能会雇一个私人侦探，不是为了确认你是不是自己说的那个人，而是为了揭露你的私人生活——但都不关他的事。他这样做，是为了让你觉得他能控制你。他想要找到的是你的破绽，使得他对你的了解比你对他的多得多。

我曾经认识一个女人，她在男友的公寓里装了很多窃听器，然后她发现男友打算和她分手，理由是她太咄咄逼人，她气疯了！

我忍不住评论一下：当你通过窥探发现了某些秘密，你就会陷入一个两难境地，即如何处理你所拥有的信息，以及如何解释你是怎么得到它的。想要以一种体面的方式妥善处理，是根本不可能的，所以你会被困在一个谎言中，或是陷入一场战斗中，与你本不应该拥有的信息进行殊死较量。

其实，有一种更好的办法，那就是夫妻之间真诚以待，做到既真实又坦诚。这样的话，即使面对最痛苦的信息，彼此也能够互相尊重，互相疗愈。

秘密者自评

- □难以做到真实或坦诚
- □责备对方的行为
- □严守秘密，根据情况歪曲事实
- □可能会窥探对方的隐私

第十章

情绪压抑者：避免任何情感接触

当一个人产生一种强烈的情绪体验却没有处理，结果就是情绪越攒越多，不仅被不断积压，还被巧妙地藏了起来。

我是一个非常视觉化的思想家——当我想象某样东西时，我倾向于先用视觉，再用语言来描述。就大脑的记忆区而言，我会把它想象成一个装满文件柜的大房间。在这个房间里，常用的抽屉和文件呈打开状态。其他的则呈关闭状态，上面落满了灰尘，里面装的是很少进入意识层面的记忆。还有一个特殊区域，被沉重的铁栅栏包围着，栅栏上挂着一把大锁，以及各种警告标志——“禁止入内”“内容有毒”。里面的文件柜被漆成鲜红色，所有的抽屉紧闭，用巨大的金属搭扣锁锁住。有的柜子周围透着一股邪恶的凶光，一看就很吓人。这个区域是存放危险记忆的地方。

当你年轻的时候，这些文件柜有很多空间，可以轻易装下你不想处理的记忆。但是，当你的经验和情感越积越多，剩余空间会越来越紧张，可容纳并隐藏的记忆就会越来越少。有的文件柜甚至会出现裂缝，有毒的记忆便开始污染良性的记忆。

这就是情绪被积压的危险。无论你是否准备好，它们迟早会爆发，而且通常是在最不合时宜的时候。尽管如此，我发现，对于那些一辈子都在压抑情绪的来访者，还是很难说服他们主动打开红色的柜子，即便我向他们保证可以一次打开一点儿。还记得毒气球吗？这就是我们现在要讨论的问题。

我工作的地方在明尼苏达州，那里是斯多葛主义[8]者的圣地。斯多葛主义被明尼苏达人尊崇为处理情感问题的优良传统。情感则被视为一种需要隐藏的东西，将其流露出来会是一件让人尴尬的事。在明尼苏达双城队两次夺得世界职业棒球大赛的冠军时，体育场里的欢呼声响彻穹顶，而这对明尼苏达人来说是如此的不同寻常，以至于这一行为还上了当地的新闻。

鉴于大多数明尼苏达人（注意，不是所有人）坚忍克己的本性，你会发现，压抑情绪在关系中是一个非常普遍的问题。

莎莉来自明尼苏达州的一个农村家庭。当莎莉和尼克出现在我的诊室时，他们已经结婚五年了，有两个孩子。尼克说："她对任何事情都没有反应。有一次，我们的一个孩子差点儿死掉，她用平静的声音告诉了我事故的经过，听起来好像完全不在乎。如果你看过我们的婚纱照，你会发现，她是在笑，但看上去并不高兴，就和你在照片上看到的新生儿的表情一样。她从不哭泣。我不知道她现在的感受。我需要知道她现在的感受。"

听了尼克的话，莎莉面色淡然："我就是这样，我的家庭也是

---

8. 斯多葛主义，始终强调理性在生活中的决定性作用，崇尚用理性来组织安排人的欲望，进行坚忍克己的理智生活。——译者注

这样，我们只是不小题大做罢了。如果你太开心，很快就会乐极生悲。如果你保持中立，不偏不倚，你就不会受伤，也没人会看轻你。”

我问她经历过最悲伤的事情是什么。她答：“我母亲去年去世了。”我继续问她发生了什么。她带着同样淡然的神情，向我讲述了她母亲的病情和死亡细节，她说话时完全没有感情，表情也从未有过变化。

我接着问她对母亲去世有什么感觉。

“这令人伤感。”她答道。

“我同意这令人伤感，但你对此有何感受？”我追问道。

“这对我父亲来说太残酷了。”

关于这个问题，我和莎莉又重复了好几次，但她从来不谈论自己对那些心碎往事的感受。她谈论事件和想法，但不涉及感受。在这一互动过程中，很明显，她无法在任何话题上表达自己的感受。正如莎莉所描述的那样，她想达到“保持中立，不偏不倚”的状态。对莎莉来说，这意味着没有任何感觉，在其一生中，她一直在压抑自己的情绪。

莎莉很努力地配合治疗。幸运的是，尼克——一个全然接纳自己情感的人——一直陪伴她，支持她做出改变。当她开始感受到自己的情绪时，他们的感情变得更亲密了。

如果你和一个长期压抑自己情绪的人交往，那他不太可能对你敞开心扉，不是因为他不信任你，而是因为他不知道如何开启内心的情感之门。情绪压抑者的体内有一个有毒的文件柜，里面塞满了未经处理的记忆和情绪，不幸的是，不管是好的还是坏的记忆，都被他统统锁起来，与各种喜怒哀乐混杂在一起。他害怕一旦打开它，悲伤、恐惧和愤怒就会压抑不住，因而只能继续积压。但问题是，柜子最终会被塞满，而记忆也会突然涌出。因此，他必须不断应对以往未处理的情绪。这一过程占用了他所有的情感能量。

威廉，那个“我和你说句真心话”的家伙，就是一个习惯压抑情绪的好例子。然而，不同于威廉，本章中的情绪压抑者通常不会编造谎言和故事来掩盖自己的情感无能。他们干脆否认任何情感的存在。

如果你问这类人：“你对此感觉如何？”最常见的回答就是耸耸肩：“我不知道。”这不是谎言。情绪压抑者是真的不知道自己的感受。感觉根本不存在。在那些习惯压抑情绪的人看来，他们很好，世界上的其他人才不正常。

如果你的伴侣是一个习惯压抑情绪的人，你会时常听到他对情绪的否定。你还会发现，他给自己限定了许多行为，目的都是为了避免与他人有任何情感接触。这种行为可能会以调侃或开玩笑的形式出现，这样就不会显得太刻意。这可能意味着，你们的聊天话题会很跳跃——前一分钟还在谈论爱情和承诺，“砰”的一声，你就知道湖人队的比赛得分了。再有，每当你想要谈论情绪或感受时，他可能会突然怒气冲天。或许还会有暴风骤雨般的离开，之后就是绝对的平静，好像什么也没发生过一样。

对于情绪压抑者而言，确实什么也没发生。他可能会有短暂的情绪波动，但在情绪进入内部或外部反馈渠道前，他会立即封闭一切，你将得不到任何联结的感觉，就像在照一面黑色的镜子，什么也照不出来。无论你多么努力去建立联结，你都得不到任何回应，因为你没有进入档案室的钥匙，而在那里，一切都已被妥善保管。你的伴侣耗费了所有的情感能量，把那些文件封得严严实实——即使总有一天会泄露出来。

对于情绪压抑者来说，治愈的过程意味着冒险进入档案室，打开那些抽屉，看看文件里是什么。若是在治疗师的陪同下，这段旅程就不会那么危险，因为治疗师可以帮助他一步步了解自己是一个多么富有情感的人。若是没有治疗师的支持，这种探索则是困难的。这就像一个从未去过亚马孙热带雨林的人要去那里旅行一样——如果你不知道自己要寻找什么，那么这趟旅程花费的时间会更长，甚至不会那么有趣。

从有毒的文件柜中翻出的记忆，需要一一处理。充满欢乐的记忆会少花一点儿功夫，而消极的记忆可能需要多些干预。在这方面，治疗师可以提供非常宝贵的帮助。

如果某个情绪压抑者不去探索、你处理那些有毒的文件，当一切最终分崩离析，而你恰好在一旁，你就会从他身上看到大量的基本情绪，其中大部分是恐惧，但没有一种是合情合理的。

情绪压抑者自评

□有限的情感或不存在情感

□很少有情绪记忆

□对他人的情绪变化没有反应

□疏离或冷淡

□极强的界限感

□沟通能力差

第 十 一 章

“是的，但……”：低自尊怪圈

跟你同一办公室的朋友找你帮忙调解她和男友的关系，很显然，这是一个典型的问题。但因为你是一个乐于助人的问题解决型人，所以你会认真倾听、思考并提出建议。

“听起来他好像对你的承诺很不放心。或许你可以向他保证，你不打算离开，他会感觉好些。”你说。

“是的，但我要是这么做了，他会认为我在给他施压。”她露出一副委屈巴巴的模样，于是你又给出一个提议。

“那么，或许你可以告诉他，你关心他，你还注意到他似乎在担心什么。这会鼓励他说出心里的话。”

“是的，但我要是这么做了，他会认为我盯得太紧了。”她勉强地笑了笑，仍用期待的目光注视着你。

现在，你开始有点儿沮丧了。“那么，问问他是不是有什么烦心事，怎么样？”你干脆说道。

"是的，但我要是这么做了……"

你已经进入了"是的，但……"的怪圈。在这个怪圈里，你要去负责解决别人的问题，但你没有能力解决它们，你被锁在一个"提议—被拒绝"的无限循环中。这是一个典型的没有胜算的局面。

首先要明白，这个问题不是你的责任！你没有弄坏它，你也解决不了它！

其次，这是一个陷阱。向你征求意见的人，并不是真的想找到解决办法。她真正想要的是发泄、抱怨、获取同情、为自己感到难过，并确信有人关心她。这是她正在寻求的关系，而你是她当下的理想对象。

随着时间的推移，你会发现，这位朋友身边有一圈小伙伴，而她在圈里来回转悠，不断寻求建议，但从不采纳。在这段友谊中，你的任务是给出新的答案，提供新的建议，对她表示在意和关心，以此来肯定她。

征求意见的话题五花八门：男／女朋友、年迈的父母、未成年的孩子、金钱、健康……话题是什么并不重要，事实上，只要有话题就行，这会让那些寻求肯定的人能感到与某人有联结。但请记住，不管你的意见和建议有多好，不管你多么用心才想出完美的解决方案，你得到的总是"是的，但……"。

习惯说"是的，但……"的人往往自尊心极低，他们不认为别人和他们做朋友是因为他们身上的闪光点。相反，他们认为自己必须有一个理由才能与其重视之人建立联结。然而，低自尊的人对改变不感兴趣，因为那太危险了。事实上，他可能并不是真的有问题。因此，他必须给你一个理由，至于为什么你的解决方案行不通，因为他没有勇气告诉你其实没问题（或者，他真的不想解决它）。更糟糕的是，他可能没有意识到自己在这样做。

我不是在讨论朋友之间的交锋，因为在交锋中，你们双方都在寻找解决问题的方法。然而，说“是的，但……”的那个朋友不是在寻找问题的解决方案，而是为了引起你的兴趣。问题的核心在于，她不相信自己足够有趣，可以毫无理由地与你成为朋友。

让你陷入这种关系的是你的自我意识。大多数人都喜欢被人征求意见。这让我们觉得自己有价值、聪明、重要。当别人说“是的，但……”，乍一听，似乎是“这真是个好主意，我马上就做，但你不了解我的男友，他才是问题的关键”，而不是“我没有什么解决不了的大问题，但我真正想要的，是和你建立关系，如果我只是我自己，你不会喜欢我的”。因此，我们更容易被“是的，但……”吸引，而不会在绞尽脑汁寻找“正确”的解决方案时退避三舍。

习惯说“是的，但……”的人还容易小题大做。海伦有两个处于青春期的女儿，性格活泼，年龄相差 18 个月。海伦第一次来找我的时候，大女儿 14 岁，小女儿 12 岁，每次面谈她都会告诉我，这两个孩子是多么具有挑战性：她们从不遵守规则，在学校总是惹麻烦。她们做出的每一个可怕选择，都给她带来巨大的情感痛苦。每个星期，女孩们都会闹出新的问题，她怀疑自己是不是生了两个“小恶魔”。后来，她开始向我咨询针对女孩们的住院治疗项目，于是我建议她把两个女儿交由我的同事进行中立评估。

我的同事是孩子们的心灵导师。他能够迅速走进孩子们的内心，并创设一个相互尊重的环境，让他们开诚布公地与他谈心。他和女孩们进行了四次面谈，然后，我们向在场的海伦咨询了一番。我的同事问了她很多问题，最后说：“我很困惑，不知道我看到的是否是你口中的那对女孩。在我眼中，她们是一对聪明、漂亮、积极的青春少女，她们做着其他聪明、积极的同龄人也会做的事情：试图用自己的方式弄清世界是如何运行的。”

他又问了海伦一些她曾在个人面谈中向我抱怨过的事，以及他从女孩们那里听到的情况。有一件事在我脑海中记忆深刻。他问：“她们没赶上校车那天，是怎么回家的？”

我记得海伦花了一整节咨询的时间，谈论两个女孩搭便车的事，她说她们被一个卡车司机送回了家，而这个卡车司机可能是杀人犯、强奸犯、猥亵儿童者、绑架犯。她焦虑不安，泪流满面。而当我的同事问起这事时，她的回答是：“嗯，我想你说的是她们搭邻居的大卡车回家的那天。她们本应该在学校给我打电话的，因为这事，她们被我禁足了。”

我盯着她看。“你认识那个司机？”我终于开口问道。

“是的，我不是告诉过你吗？”

我同事指出，女孩们告诉他，海伦当时歇斯底里，并报了警，因为她们晚回来 15 分钟。她们还说，海伦坚持要去急诊室开些“神经类药物”，而急诊室医生拒绝开药，并告诉她需要接受治疗。当海伦告诉我这个故事时，她省略了急诊室那一部分。

我很生海伦的气，觉得自己被背叛了。她利用我们之间的信任，用一些不符合事实的故事来吸引我，并通过不真实的描述寻求我的支持。我告诉海伦，我觉得她的言过其实损害了我们之间的关系，而她立即大哭起来，不停抽泣，含泪恳求我的同事劝我不要抛弃她。

海伦是一个灾难制造机。为了巩固与重要之人的联结，她制造了根本不存在的灾难。和任何夸大其词或撒谎的人一样，海伦经常会把紧急事件弄混，不记得自己在何时向谁说了什么。

这类行为的根源也在于低自尊，并会给听者带来和“是的，但……”一样的困惑。我表示愿意和海伦继续合作，但前提是她必须如实报告事件的经过，这样才能解决问题——首要问题就是她的低自尊。需要指出的是，在她因搬家而结束治疗前，我仍然没能真正信任她的报告。我始终不能完全肯定，她向我呈现出了一幅准确的画面，尽管她确实设法达到了我 90% 的信任水平。然而，对于一段相互信任、不断发展的关系来说，90% 并不是一个良好的基础。

要想建立联结，海伦需要去编造比实际情况更严重的问题，这让她的育儿方式更复杂化。她的孩子必须不断对现实与“母亲版的现实”进行评估，然后确认哪一个更真实。在一段关系中，如果对方要么回答“是的，但……”，要么是一个灾难制造机，那现实就成了彼此之间的牺牲品。

要想修复一段这样的感情，不仅需要解决低自尊问题，还需要重建信任。如果你正处于这样一种关系中，保持严格的界限感非常重要，除此之外，你还要面对那些与你的经验不符或是看起来模棱两可的事情。要清楚，这段关系是可以维持下去的，但不能有任何谎言存在。

“是的，但……”自评

- □低自尊
- □不断寻求建议
- □贬低或忽视建议
- □通过问题建立联结
- □小题大做
- □界限感较差

第十二章

单向镜：双标的自恋者

我的一个来访者，帕克，是一个典型的自恋者，他常常以自我为中心，曲解和误用情感。如果你遇见他——身材高大，三十多岁，运动型男，面容英俊，一身昂贵的西装，配以丝质领带，散发着自信的高管风范——你可能会立刻被他迷住。他直视你的眼睛，似乎在耐心倾听你说话，会适时地微笑，在你期待的地方点头回应。

他开始接受治疗是因为他的妻子，他们结婚十多年了，最近她告诉他，她厌倦了等待他无法兑现的承诺，决定离婚。帕克非常困惑，痛哭不已。

帕克是“双标”之王，总是说一套做一套。他在谈起自己屡遭父亲抛弃时，眼里噙满泪水，然而，他对自己同样抛弃妻子和儿子，独自在密西西比河的游艇上消磨时光的行为却视而不见。

在谈起渴望婚姻能继续下去时，帕克声泪俱下。然而，他并不觉得去酒吧和别的女人约会有什么大不了的。当我坚定地告诉他，婚姻和约会是相互排斥的，如果他想要挽回妻子，就必须停止勾搭其他女人，他真的很惊讶。

帕克知道他应该有所感觉——可能因为这是我们前三次治疗的全部内容——但他不知道应该有什么感觉，也不知道应该对谁有感觉。就好像他的情绪与所有错误的事物联结在一起。我有一种预感，他试图通过回答“正确答案”来与我保持一致。

帕克完全无法将自身的身体感受、经历、内心情感、感觉一一联结起来。他连对自己的情绪都这样，更遑论察觉其他人的情绪了。他从未想过，那些落入以他为中心的复杂关系的人，也有自己的情感生活、期待、希望和梦想。

帕克无法体会妻子的孤独和痛苦，是因为他感觉不到自己的感受。他能够识别出关系中的疯狂和争吵，但不是从情感的角度，而是因为它们太吵闹，让他觉得不舒服。他做不到将这幅画面补充完整，好好看看自己给她带来的痛苦。

当我告诉他，她在这种情况下可能会有的感受时，他先是困惑，然后是愤怒，最后又湿了眼眶。我问他为什么哭，他回答：“她一定认为我是个浑蛋！”接下来的时间里，我试图将他这种自我为中心式的评估思维与她的情绪联结起来。

帕克的动机是自我满足。帕克一直想要感觉良好，这就是他陷入困境的原因。帕克对自己的关注，加上他在行为和情绪之间的古怪联系，以及他无法识别自己或他人的情绪，使得那些与他有情感联结的人怀疑他早有预谋。如果一个人能够联结自己的情绪，他就不会做出像帕克一样的破坏性选择。

再强调一次：这是一种解释，而不是借口。帕克没有意识到他对别人的影响，并不意味着别人不会受到伤害，也不应该感到痛苦。试想，当他在情绪的黑洞中挣扎时，他的妻子以及他在酒吧里遇到的那些女人会是什么感受。

和一个完全沉浸在自恋中的人发展关系，是非常挫败和痛苦的。同样重要的是认识到，想要维持关系的那个人可能并不是在没有负担的情况下走到这一步的！那么，这对他有什么好处？他需要从别人的挫败感中获得什么满足吗？为了达成改变和成长，人们必须看到自己是如何走到这一步的，除此之外，他们必须想要改变。否则，他们将继续受到伤害。

帕克做了那么多可怕的事，怎么会感觉不到妻子和其他人的真实感受呢？因为自恋者会从别人身上看到他们自己的影子。

我来解释一下。自恋者缺乏一个内部反馈系统，只能依赖外部信号来确定自身行为的影响，并形成情感生活的感觉。外部信号来自周围的人，但请记住，每个人都会通过自己特定的偏见和感知来过滤自身经历。因此，自恋者虽然利用外部信号来指引自己理解别人身上的情绪，但他会先用一套以自我为中心的、幼稚的过滤器处理一遍。如此一来，他所建立的联结就像被一面扭曲的镜子照过一样。

我想补充一下，这不是一个有意识的过程，而是自恋者自己学会了适应。这很像我一个老友的经历，他是一位武术大师，在许多专业比赛中得过奖，比如用棍棒格斗。比赛时，参赛者的棍棒在击中对方前停下就可以得分。离得越近，得分越高。我朋友的得分总是很高。几乎没人知道，他儿时失去了一只眼睛。他很会用一只眼睛适应深度知觉——这是一项非常困难的任务——以至于没人发现他眼睛有残疾。

情感适应是一把双刃剑。它能让人在世界上正常生活，这一点很好。但是，这个人的自我功能会被破坏，从而对自己和他人造成伤害。自恋者善于反映他人的情绪变化，并创造出情绪存在的幻觉，以至于很少与人联结。这一幻觉让自恋者继续这种破坏性的模式和行为，并让周围的人感到挫败感。

自恋者善于观察他人。这种观察强度本身就会让潜在对象受到欺骗，因为它很像一种强烈的联结。然后，非自恋者开始以此为基础，推敲自恋者的喜好，并围绕这种误解，制定目标和计划。

让我们来看个案例。卡洛琳在大学时就爱上了奥古斯特。他是足球明星，长相帅气，而她是小镇姑娘，眼神纯净自然。当他们结婚时，她相信她的梦想成真了。卡洛琳告诉我，她在怀第一个宝宝的时候，内心有点儿忐忑。而在孩子出生期间，奥古斯特安排了一趟为期四周的旅行，独自跑去加拿大钓鱼。她第二次怀孕时，内心更加不安，因为她怀了一对双胞胎。在那段时间，由于她有早产迹象，奥古斯特把她送去了医院。她不幸流产的时候，他在打高尔夫。

在他们长达十九年的婚姻生活中，无论卡洛琳做什么，奥古斯特都会在语言和情感上虐待她，对她进行侮辱、贬低。他还对她进行人身伤害。但她仍然相信自己深爱着他，因为他似乎总是知道她想要什么。随着治疗的进行，她开始发现，不是奥古斯特意识到她想要什么并尽力为她提供，而是奥古斯特通过她来反映自己想要什么，并让她以为这是她的主意。他把卡洛琳当成了一面完美的镜子，借由操纵她来得到自己想要的东西。

这种将自己的欲望投射到伴侣身上的方法，是自恋者的另一种适应方式。因为他们缺乏与人建立联结的能力，他们不相信仅凭简单的要求，就能得到自己需要的东西。想一想，大多数人从小就明白，如果他们的要求是合理的，就会得到想要的东西。但自恋者却不是带着这种信念长大的，他们从小就被灌输：为了得到自己想要的东西，必须掌控他人，操纵局面。要做到这一点，他们必须能够准确地读懂他人，并识别出他人的弱点。这些弱点随后会成为自恋者施压的重点。

这种操控的需要是自恋者从小在“双标”父母及其他家庭成员那里习得的惯性反应。一个典型的例子是，父母告诉孩子“你是世界上最好的孩子”，却忽视孩子的所有愿望和需要。

让我们回到奥古斯特身上。他的父亲是一位有名的成功商人，他会带着两个儿子参加商务会议和市民团体活动，把他们当成未来的领导者来培养。有一天，在谈到他的父亲时，奥古斯特透露：“父亲待我们，就像对待他那辆昂贵的车。我们是他最骄傲的财产，我们必须努力达到这一标准。”我问他如何达到，奥古斯特回答：“每天都不一样。我从来不知道他想要什么，只知道我大部分时间都要完美无缺。我很擅长表现完美，但我永远不够完美。父亲总能找到批评的地方。”

奥古斯特和弟弟都从父亲那里得到了明确的信息，他们唯一的价值就是做点儿什么为父亲增光添彩。他们的注意力集中在取悦父亲上，却因为父亲没有给出清晰的指示，他们不得不处处留心观察，试图在父亲知道自己想要什么之前就弄清楚他的想法。当然，他们这样做是错的。这种典型的“双标”和不言而喻的期待，恰恰导致他们后来形成了自恋型人格。

首先，孩子会变得非常在意外部反馈，专注于解读父母的信号和信息，却没有形成自己的内部反馈系统，无法以自己的方式可靠地评估这个世界。其次，他唯一信任的现实，便是他自己认定的现实，尽管它往往与别人眼中的实际情况不符。

这种反应部分是因为这是一个孩童视角下的现实。孩子会有非常强烈的自我意识——世界对我有什么影响，而不是我对世界有什么影响。在进入青春期后，孩子的想法通常会从前一种略显幼稚的观念向后一种转变，但自恋者仍固守着这种幼稚的观念。弗洛伊德称之为“发展受阻”。

自恋者长大后，会将这种幼稚的自我意识带入人际关系中，非自恋者便会为他这种细致的观察所迷惑，并将其曲解为兴趣。与此同时，自恋者仍专注于外在信息，与自身的真实感受隔绝，只对实现最彻底的自我满足这一目标感兴趣。这种目标上的差异重建了自恋者与父母关系中的“双标”和误解，并将其扩展到其他重要之人的身上。

自恋者的终极目标是有所感觉。他们通常认为，如果他们感到满足，就会有某种感觉。这就是为什么他们如此专注于自我满足。这种方式为他们提供了一种能够识别的联结。有时，自恋者在到达某个点后，开始与某种感觉建立联结，而且，感觉常常是情感空虚。想想看，这是一种非常不舒服的感觉，来访者往往因此迅速退出心理治疗——有时永远不会回来。我试着帮助来访者克服这种感觉，并让体验持续足够长的时间，以便发展出更多的情绪。

这种空虚，虽然对感觉到它的人来说是可怕的，但也是一个良好的迹象，表明童年的混乱正在愈合。我们从感到空虚的地方着手，把情感一点点儿投入那空虚之中。通过这种方式，自恋者可以开始体验情感生活，并形成一个内部反馈系统。

如果你正和一个自恋者在一起，你觉得有可能改变对方的行事风格，且你愿意冒着受伤或被抛弃的风险，那你们的感受和需要必须是一致的、可预见的、绝对清楚的。这是一项艰苦的工作，而且成功的可能性很低。不幸的是，大多数自恋者对改变自己不感兴趣，如果你要求他们做一些他们不愿意做的事，他们往往会选择抛弃你。

要认识到，你值得拥有一段完整的有联结的关系。你不应该为那些不会感激你的付出的人提供满足。如果你决定给自恋者一个改变的机会，睁大你的双眼，提供有限的良机，这样你就不会在这个过程中太过受伤。

请记住：你不是问题所在，你也不必负责解决不是你造成的问题！

自恋者自评

□以自我满足为中心

□无法与他人建立情感联结

□无法识别他人的情绪

□迷人、自信、善于操纵

□以自我为中心

□只能透过自己的镜子看他人

□善于观察他人

□高度戒备：自我界限感强

第十三章

“让我来帮你”：依赖共生的牢笼

“什么都不用担心。我会替你打理好一切。”

这些话可能会在你心中引起恐惧。因为对方往往不是要提供帮助，而是在宣告入侵。说话者看起来像在提供支持和帮助，但真正的动机是控制你。

请注意：并非所有的帮助都是为了控制。有的提议是有用的。控制始于不知不觉中。“你不和我一起出去，是要打扫卫生吗？我很乐意帮你。”别人主动帮忙打扫卫生，有谁会不愿意呢？所以你把门打开一条缝。接着，门缝越开越大。“反正我也在洗衣服，不如我帮你一起洗了？”然后，“不如让我来为你的老板准备正式晚餐？”很快，你的生活就不再是你自己的了。

还记得那句“天下没有免费的午餐”吗？每获得一点儿帮助，你就会交出一点儿权力，而“助人者”则在积聚更多的能量。当你开始对入侵的程度感到不安并试图设定界限时，乐于助人者摇身一变，成了被你利用的、备受伤害和虐待的受害者。为了挽回自尊和个人价值感，你会为自己的愚蠢行为道歉，放弃夺回自己的力量，于是你就真的陷入困境，进入依赖共生的牢笼。

这种过多干涉他人的生活，无形中给他人设套的行为，是依赖共生关系的表现——带着些许病态。当讨论依赖共生关系时，人们通常关注的是依赖助成者的行为，而不是它对目标对象的影响。依赖助成者指的是这样一类人，他们相信自己只要能读懂对方的心思，预见对方的每一个需求，就能与对方建立情感联结。这种行为会让依赖助成者很有安全感。

“我很清楚你要什么。”他们早在轰轰烈烈地闯入你的生活前，就已经开始行动了，一边为你解决根本不存在的问题，一边强势地侵入你的空间，侵犯你的隐私。“什么都不用担心。我会替你打理好一切。”通过打理好每一件事，依赖助成者为目标对象创造了一个专属世界，并将其限制在自己能够控制的范围内。尽管这是错误的，但依赖助成者可以借由控制告诉自己，他们在这个世界上是安全的，永远不会被抛弃或受伤。

安全感问题普遍存在于许多失调行为中。安全感是指在任何情况下，你都有选择的权利。从这个定义可以看出，有的人之所以没有安全感，是因为他们从过去的生活经验中习得选择权可以被剥夺。

请记住，选择权就是力量，没有选择权就会感到无力。因此，那些在过去被剥夺了选择权的人，往往会在日后对保有权力有着强烈的兴趣。虽然可以通过恰当的方式做到这点，但一般来说，经历过创伤却未妥善处理它的人，不会选用恰当的方式来设定界限，变得自信。相反，他们将自己的情感能量投入到控制他人上，相信如果控制了对方，对方就不能抛弃、虐待、伤害自己，或以其他方式利用他们。这种想法的问题在于，没有人能够完全控制另一个人。我花了大量时间和青少年来访者的父母讨论这个问题！

凯蒂是被极度自恋的父亲抚养长大的。在父亲的影响下，她先后嫁给两个自恋的男人，并因此受到伤害。第二次离婚后，她来接受心理治疗，希望自己不会再进入一段有害的关系，也希望可以治愈自己。

凯蒂是一个聪明、有趣、事业有成的女人。她有三个儿子：老大和老二在运动和学习上都出类拔萃，依靠奖学金在名校就读。小儿子斯科特跟她生活在一起，由于他的一些嗜好，凯蒂常常被斯科特的高中教导主任约谈。

凯蒂经常向我抱怨斯科特，为他的行为感到苦恼，希望我同意她周密的计划——"好好收拾他一顿"。她收走了他的自行车、滑板、电话、鞋子，还有电脑。她把他卧室的窗户锁了，还在他的房门外加了一道锁。然而，只要斯科特出门，就会惹麻烦。即使凯蒂特意为他改变工作时间，亲自接送他上下学，他还是能找到闯祸的途径。每次斯科特惹上麻烦，凯蒂就会陷入补救模式。

每当她找我寻求解决方案，我都会告诉她："只有当你不再试图控制他，不再替他改造世界，斯科特才会吸取教训。你必须让他自己承担责任，自己解决问题。"

她无法让斯科特从自己的错误中吸取教训。斯科特知道凯蒂会帮他善后，所以他从未想过要做出更好的选择。相反，他的选择越来越糟，行为越来越过分。斯科特在18岁生日的次日，又做了一个错误的选择，并因此被捕。然而，这一次，他进入的是成人刑事司法系统，而不再是青少年法庭。当斯科特的保释金远远超出凯蒂的支付能力时，她气疯了。她知道自己别无选择，于是给斯科特的父亲打了电话。

“汤姆不仅不愿意帮我，”她哭着说，“他还叫我让斯科特主动承担后果。我不能那样做！”

我告诉她我同意汤姆的意见。凯蒂很生气，但她不得不让斯科特自己承担后果，因为她没有钱交保释金。

斯科特出狱后，凯蒂惊讶地发现他在收拾行李。她惊慌失措地问他要去哪儿。

“我要去和父亲一起住，”他回答，“他让我做个男子汉。”

凯蒂从来没有学会放手——一个非常沉痛的教训。相反，她试图通过包办一切来控制斯科特。这其实是操纵。可悲的事实是，虽然操纵最初可能有用，但当目标对象越来越感到被束缚，就会抽身离开，并收回自己的权力。斯科特一直通过惹是生非和陷入麻烦来感觉自己的力量。这就是他向母亲宣告独立的一种方式。

斯科特想要独立，这让凯蒂更加没有安全感，于是，她拼命拉紧绑在斯科特身上的绳索。“交给我来处理吧，我可以搞定一切，做一个完美的母亲。”

在任何关系中，如果一个人一直在付出，即使这种付出是主动给予的，也会让受助者产生负担。助人者在不停地给予，逼得越来越紧。与此同时，生活被打理妥当的受助者开始觉得自己像个浑蛋，因为对方那么好，竟然为他付出了那么多。受助者亏欠助人者的太多，于是他可能会问自己：“天哪，这个人明显只是想对我好，我为什么还要轰走他？”

受助者不是浑蛋。受助者并没有利用无助的“受害者”（助人者）。受助者也不是加害者。受助者犯下的最大错误，就是缺乏边界感，接受了看似精心准备的礼物。记住这一点，会很有帮助：依赖助成者送的礼物包装精美，外面用丝带紧紧包扎。这些丝带的目的在于把你绑进一段关系中，在那里，你会得到一条条无形的绳索，但可能没有一条是真正的情感联结。

依赖助成者对安全感的需求表明，他们在任何关系中都无法敞开心扉。他们的安全警报告诉他们，一旦敞开心扉，自己就会受伤，进而导致不安全的关系。因此，他们采用一系列的行为来保护自己。

受过伤害的人在感到脆弱时，会没有安全感。许多依赖助成者在过去都曾受到过情感上的伤害或被抛弃。当你最爱、最信任的人背叛你，对你造成身体或情感上的伤害，你的大脑会将这些经历储存起来，包括与之相关的所有情感。因此，虐待与感觉有关，而情感则成了糟糕、危险或不安全的代名词。事实上，情感就是情感。它们既不坏也不好，它们只是情感。情感受虐者的治愈之旅，在于学习如何建立不需要操纵的健康联结。

在你掉入“让我来帮你”的陷阱，并试图弥补对方前，请记住，他会小心翼翼地保护自己，不让任何人靠近。防御机制会快速启动。很快，你就会发现自己又回到了依赖助成者的牢笼里。请不断提醒自己：我没有伤害你，也没必要弥补你！

一段关系的最佳状态是，彼此的付出大致相等，双方会为自己犯下的错误承担责任，并采取实际行动纠正错误。

依赖助成者自评

☐通过帮助控制对方

☐通过控制建立联结

☐害怕被抛弃

☐从给予帮助变成侵入对方的生活

☐没有界限感

☐害怕受伤害

第十四章

不良行为：不断重复错误的选择

如果你正在和一个物质成瘾或有着不良行为的人交往，那么在这段关系中，你就有了一个绝对无法匹敌的对手。你需要慎重地考虑你们之间的关系，以及你对这段关系的期待；你需要仔细评估哪些是真实存在的，哪些是你希望存在的。

我相信人们会对某些成瘾物质（可卡因、安非他命、酒精等）上瘾，但我不相信人们会对某些行为（性、赌博、购物等）上瘾。行为成瘾是个人选择，不是疾病。

当我和某些总是重复某种行为（如酗酒、过度工作、暴饮暴食、赌博或强迫性购物）的人一起合作时，我没有采用成瘾模式进行治疗。我会试着找出他们重复这种行为的症结所在，发觉他们想要解决的问题，然后尝试寻找合适的方法解决这一问题。

你的交往对象不断重复错误的选择，然而，你的角色不是一名治疗师，你是他的伴侣，而这就是关系模糊的地方。你试图在这段关系中，满足自己内在的需求，你的伴侣也因而把注意力放在与不良行为的关系上。由于行为成瘾是一种个人选择，如果你的伴侣自愿做出戒瘾的承诺，那么，改变行为选择的可能性肯定是存在的。

沉迷于重复性行为的伴侣是很难相处的，因为你不仅要应对亲密关系中的日常冲突，还必须把伴侣的注意力从重复性行为中拉回来。如果你对此产生怀疑，他会认为你在试图干涉他自由选择的权利。你很可能会被当成问题所在。这一看法可能会引发更大的冲突，因为你想保住自己的地盘，而他想要维持平衡，同时得到他想要的一切。然而，在成瘾的一方得到他想要的一切时，你很有可能就是那个被牺牲掉的人。

如果你做出牺牲，是为了让伴侣继续重复错误的选择，那你就是问题的一部分。牺牲似乎是挽救关系的唯一方法，但从长远来看，你会成为错误选择的帮手，而得不到任何积极的回报。这听起来可不像是一段健康的亲密关系！

如果你和一个瘾君子在一起，你永远不会是第一选择。对方不惜一切代价反复选择和寻求的主要关系，就是与成瘾物质的关系。你不足以胜过物质的吸引力，无法与之匹敌。你最终会受伤，甚至可能会与对方分手。在对方成功戒瘾、变得清醒前，你们的关系需要暂且搁置一旁，而且你不能强迫对方戒瘾。

关于行为选择和行为成瘾之间的区别，我再怎么强调也不为过。行为选择是可以管理和克服的，而真正的成瘾则不能。如果你的伴侣上瘾了，你无法治好他，除非他决定治好自己，他才是那个唯一有能力做出改变的人。除非对方准备好了，否则你无法让任何事情发生。这不是你的错。你没有伤害他，你也无法治好他。

然而，如果你的伴侣是清醒的，或者愿意停止错误的选择，你可以以一种健康的方式重建你们的关系，为彼此找到一个更好的平衡。如果你的伴侣不愿意杜绝成瘾源，那说明你并不是他的真爱，你只是个附属品。我知道这是个让人痛苦的消息，但这也比一直生活在谎言中要好，因为在谎言之中，即便你的伴侣只关注自己的成瘾源，你也不得不假装彼此感情很好的样子。

瘾君子自评

- □成瘾源是排在第一位的
- □你做出了牺牲
- □没有现实的情感联结
- □缺乏界限感
- □你永远被排在成瘾源之后
- □一次次承诺改变，却不曾真正行动

第十五章

石头人与火箭人：因为彼此厌恶，所以在一起

他喜欢瘫在沙发上，吃着爆米花看电视。他心满意足地宅在家里，享受专属的悠闲时光。她喜欢忙忙碌碌，每一分钟都安排好日程。她一边打电话，一边洗衣服，一边为孩子烤蛋糕，一边还在策划新公司开业一事。当他们聊天时，他慢条斯理，深思熟虑，兴致不高；她则从一个话题跳到另一个话题，一直说个不停，以此填补冷场的间隙，这些话题可能与她手头的事有关，也可能无关。她喜欢花钱，是个闲不住的人；他则节俭，喜欢宅家。她让自己的情感世界富有活力；他则为自己构筑了一个安宁的世界。他们彼此互不交融。

她犹如一枚火箭，伴着惊人的轰隆声，照亮整个天际。他则像一块石头，深深扎进地层，对飞翔毫无兴趣。

他们是怎么走到一起的呢？表面上看，他们都从对方身上获得了自己缺乏的东西：她从他身上学会稳重，他从她身上感受热情。但事实上，她还是缺乏稳重，他还是缺乏热情，就连基本的情感联

结也是缺乏的。

我有时会告诉来访者，治疗的过程有点儿像剥洋葱：首先，你要从脆如薄纸的外层开始着手。这是让你开始接受治疗的首要问题，也是推动你走进心理诊室的动力。下一层会越来越厚，里面充满了汁液。这个厚度象征着问题的复杂性，而汁液会让你流眼泪!

石头人和火箭人的结合就像洋葱，需要一层层剥开后，才能发现深层的原因。我的看法是，双方将彼此当作药物。

火箭人可以是男／女人，石头人也一样。不要被例子中的性别误导。重点是，火箭人通常指情绪波动很大的人，甚至可能患有双相情感障碍（过去被称为躁郁症），或所谓的环性心境障碍（从字面上理解，即希腊语中的“周期性的情绪波动”），临床医生有时称之为慢性双相情感障碍。这些障碍的特征是，情绪在深度抑郁和狂躁发作之间来回转换，往往没有太多方向，却有很多驱动力。

火箭人需要找到一种方式来锚定自己的人生，让自己感觉正常，而这有时会通过与一个缓慢而稳重的人建立关系来实现。从本质上说，石头人的脚踏实地正是火箭人需要的安全感。另一方面，石头人通常是抑郁的。火箭人给石头人的生命带来了刺激的轰鸣声，使石头人从低洼处走出。我还见过一些滥用药物后戒掉的石头人，因为火箭人进入他们的生活，为他们带来兴奋和刺激，填补了药效结束后的空虚。

问题在于，火箭人厌恶石头人对翱翔天际的无动于衷，而石头人厌恶火箭人的冲动和能量。换句话说，让他们走到一起的，正是他们最厌恶、最反感的东西。

这种目标的冲突也是两人无法建立情感联结的根源。为了保护自己，双方都退回到自认为安全的界限内。而退缩会引发更剧烈的冲突——火箭人越发兴奋，石头人越发沉默。这是一个恶性循环。

当我在登记表上看到杰夫来接受治疗是为了“试着理解他的妻子”时，我叹了口气，心想，这又是一个觉得妻子有问题的人。事实证明，他有一定的道理。

杰夫和玛拉高中时就在一起了。他是一个粗枝大叶、沉默寡言的小伙子，跟着家里做重型机械的生意。他喜欢和人讨论机械，也喜欢和机械待在一起，所以他非常享受这份工作，也因此赚了很多钱。玛拉一直在换工作，总是安定不下来。她上过美容美发学校、医务助理学校、商学院，做过电话接线员、空乘、助理护士、牙医助理、医务秘书、商店收银员。杰夫来找我的时候，玛拉正在卖车。在他接受治疗的那一年，她换了十几份工作。

另外，玛拉没有适应好当一个 4 岁女孩（梅利莎）的母亲。玛拉喜欢把梅利莎打扮成迷你版的自己，然后带她去各种成人场所。

金钱是这对夫妻之间的另一个问题。杰夫的收入很高，还拥有一大笔家族财富。他们住在 400 多平方米的湖畔别墅里，有两辆豪车。玛拉是购物狂，花钱如流水。当杰夫打算对刷卡额度设限时，玛拉拿出他不知道的卡继续消费。

尽管玛拉做的事让杰夫很生气，但他们之间也有许多美好的回忆。杰夫说他喜欢玛拉的率真。他还坦言，和她在一起的时候“最有活力”。但问题是，随着时间的推移，玛拉暴露出的问题越来越多：开支更多，工作更少，喝酒更多，见梅利莎的次数更少，而且更容易发脾气。杰夫试过取悦她，跟她吵架，冻结她的信用卡，要求她学着控制自己，但都没有用。

玛拉跟杰夫一起过来见我。她是一个高挑、美丽的女人，她的内心有个高速运转的小马达。当她坐下的时候，她会不停地抖脚、比画手，还频繁眨眼。她很难集中注意力，总是在切换话题。她觉得问题出在杰夫身上，她形容他是“一个什么都不想做的老古董，就爱躺在沙发上开着电视睡觉”。

她认为，杰夫所说的一切，都是他的错。她开销大是他的错，因为他很无聊；她酗酒是他的错，因为他很无聊；她和女儿缺乏联结是他的错，因为他从不让她做母亲。

玛拉描述了自己可怕的童年，父亲酗酒，母亲患有精神病。她还遭受过情感、身体和精神上的虐待。她说自己很小的时候就被独自遗弃在家好几天，当时，母亲在住院，父亲却在外喝酒，和各种女人厮混。后来，她父亲在一场车祸中丧生，母亲在她高中毕业前自杀，她只能靠自己养活自己。她说，那个时候，杰夫是她疯狂世界里唯一清醒的地方，但现在，他很无聊。

杰夫痛苦了好几个月，一直在纠结该做些什么，并试图找到能治愈玛拉的方法。玛拉则继续自己的生活，不停地换工作，也有了更多的债务和麻烦。

终于有一天，杰夫打电话给我。当描述玛拉在做什么时，他的声音听起来非常害怕和不安。他说，她说话又快又急，一刻都坐不住。杰夫把电话给了玛拉，玛拉告诉我，她马上就要去好莱坞了，因为她一直在听手机里的一首摇滚歌曲，从中听到的隐藏消息是，如果她进入好莱坞，会成为一名电影明星。她还说，她知道要对制片厂的负责人说什么暗语，让对方知道她是被选中的人。

我让杰夫带她去当地医院的精神科就医。在那里，玛拉被诊断为双相情感障碍。杰夫给我打电话那会儿，她正处于躁狂期（严重时，会完全与现实脱节）。玛拉接受药物治疗后便出院了。药物对她的病情并没有效果。不久后，她又出现严重的躁狂症，再次住院。当杰夫决定结束这段婚姻时，玛拉已经被送进了州立医院。即使到那时，他仍然十分矛盾，既喜欢玛拉的热情洋溢，又厌恶她的极端行为。

由于双方都无法在情感层面上建立有效的联结，这种推拉式的特性因而得到增强。火箭人的刺激与石头人的惰性，取代了他们之间真正的情感联结。他们放不开彼此，也控制不了自己。

这种关系很难改变，因为它们是行为和化学失衡的复杂混合体。火箭人常常是躁郁的，而石头人的临床表现多为抑郁。这两种情况都可以通过药物治疗得到缓解，但有些躁郁症患者不喜欢药物引起的平静感，因此经常抗拒服用。

这一类型的夫妻在解决关系问题前，都有个人问题需要解决。药物与心理治疗相结合，通常可以提高治愈概率。无论是个人方面，还是亲密关系方面，双方都必须愿意做出改变。这是可以做到的，但它需要时间，也需要系统治疗，最重要的是，需要长期的坚持。

如果你是一个石头人，要知道别人无法减轻你的抑郁，或给你更多的能量。如果你是一个火箭人，要明白反复地拉升和俯冲是无法生存的。活在中间，才能拥有更多的乐趣!

火箭人与石头人自评

□一个反复无常，一个安安静静

□彼此将对方当作“药物”

□以冲突和混乱的关系，取代了情感联结

□缺乏界限感

□情绪过于复杂，缺乏联结

第十六章

原生家庭：如何停止消极行为的延续

毫无疑问，我们与父母之间的关系是人生中最复杂的关系。这种关系让我们踏上了贯穿一生的情感和心理之路，它以各种各样的方式定义了人生中的其他关系，并对我们如何与自己的孩子建立联结产生深远的影响。

情感无能的父母会养育出情感无能的孩子。还记得自恋的帕克吗？在帕克和兄弟姐妹还小的时候，他们的父母便热衷于社交。他告诉我，母亲曾对他说：“我们花更多的时间和朋友聚会，是因为你们这些孩子终会离开，但朋友会陪伴我们一生。”从此，帕克明白了，父母必须在朋友和孩子之间做出选择。不出所料，帕克后来就是这样处理他和孩子的关系的，他经常丢下孩子，和伙伴们一起去钓鱼，尽管伙伴们经常带着孩子一起来。

许多婴儿潮一代[9]的父母，都是维多利亚时代的人。在维多利亚

9. 婴儿潮一代，是指在 1945 至 1964 年间出生的美国人，他们是美国历史上人数最多的一代。——译者注

时代，人与人之间保持距离，无论是身体上还是情感上。

在 20 世纪 30 年代，伯尔赫斯 · 斯金纳和本杰明 · 斯波克博士出现了。

斯金纳和斯波克都是行为主义者，认为所有的行为都由外部塑造，没有内部的情感投入。因此，他们建议父母可以通过奖励“好”的行为和惩罚“坏”的行为，来塑造孩子的行为。他们没有意识到内部过程（情感过程），所以并不关注与孩子的情感联结。这种行为主义的观点，适用于婴儿潮一代的人，他们中的大多数都与自己的父母关系疏远。

我的同事安德里亚在与年长的来访者互动上很有经验。我们经常谈论自己这一代和父母之间的情感距离，以及随着年龄的增长，这种距离似乎变得更加复杂。安德里亚认为，这种距离一方面源自早年的情感无能，另一方面是由于在往后的生活中，逐渐内化为愤怒和疏远的性格。她把这种情况称为“固化型人格障碍”，即父母变成了我们不认识的人，或是时而不喜欢的人。由于最初的情感联结就比较脆弱，这些变化既让我们越来越疏远，也让我们在情感上更加隔绝。

X 一代[10]乐于指出，作为父母的婴儿潮一代，并没有完全敞开心扉，建立联结。许多 X 一代来访者都说，父母会参与他们所做的一切，随时准备摄像，但却没有足够的情感能量来理解他们对空间和个性化的需求，这让他们感觉自己被父母过度呵护了。婴儿潮一代对 X 一代孩子的教养方式，体现了行为主义的观点——重点是行动和行为，而不是存在和情感。

10.X 一代，是指出生于 20 世纪 60 年代中期至 70 年代末的一代人。——译者注

多数情况下，成长经历教会他们情感上的距离。考虑到当前文化对情感联结的新关注，他们能否以一种更恰当、更有情感色彩的方式与孩子建立联结，我们拭目以待。

然而，我最担心的，是那些不成熟的父母，他们不知道如何面对孩子的反应——大叫、一味提要求、发脾气等；相反，他们觉得受到了威胁。他们可能会责骂孩子，甚至还会打孩子，与孩子之间产生隔阂和距离感，我担心这种距离感会持续很长时间，甚至影响到他们的一生。

没有完美的教养风格，完美不是人类的生存状态。我再重复一遍：这是一种解释，而不是借口。但不要误解我的意思，我并不是指父母应该因自己和孩子之间的情感距离而受到责备。我想说的是，我们建立情感联结的方式源自原生家庭。我希望，我们能停止消极行为的延续。

请记住，生活中的每件事都有选择的余地。我们不能因为仅仅习得了一种特定的教养风格，就认定自己只能采用这种风格。理解自己为何会这样的确很重要，但这不是我们控诉父母或祖父母的理由。

探究风格的起源能提供一个基础，让我们重新审视自己的选择和风格，并做出必要的改变，从而与其他人建立更好的情感联结。

还记得那个与小儿子斯科特处于依赖共生关系中的凯蒂吗？她的父亲是一位非常成功的商人，白手起家，创办了一家制造公司。尽管他充分满足三个女儿的所有要求，给予她们想要的一切，但他很少在家。偶尔一两个晚上，当他赶回家与家人共进晚餐时，他会利用吃饭时间，询问女儿们的成绩、表现和目标。他对她们内心的情感不感兴趣，反而将她们对爱的需求视为软弱的表现，不予理会。

凯蒂曾两次嫁给父亲的“复制品”。第一段婚姻持续了二十年。在这段关系中，她生了三个儿子。

她的第一任丈夫汤姆也是一位非常成功的商人，很少在家。她曾试图直面他对这段关系的态度，坚持一起进行夫妻治疗，解决两人之间的问题。汤姆不明白她究竟在对什么不满。他指出，无论她和孩子们想要什么，他都给予金钱支持。在受够了汤姆的情感疏远后，凯蒂和他离婚了。

离婚一年后，她在一个工作会议上遇到戴夫。戴夫曾是一名军人，离开军队后，他开了一家建筑公司，据他所言，非常成功。他也有一段为期二十年的婚姻，离婚时间几乎和凯蒂同步。

戴夫热情地追求凯蒂。她告诉我，这是她第一次觉得自己对生命中的男人很重要。她想慢慢来，但戴夫急着结婚。凯蒂觉得她找对人了。她的儿子们都很喜欢戴夫，虽然斯科特顶撞过他几次，但他对此处理得很好。凯蒂深受鼓舞。

和戴夫结婚不到一个月，凯蒂就发现他的建筑公司根本不像他说得那么成功。在疯狂搞钱补窟窿的过程中，她提前支取了斯科特的大学学费，将其转投于戴夫的生意。可戴夫只顾埋头做生意，把凯蒂和孩子们抛在一边。当她质问他为何离她越来越远，他开始大吼大叫威胁她。戴夫拒绝去看心理医生，也不允许她去解决自己的问题。

经历了四年的威胁和经济损失后，凯蒂放弃了这段婚姻，开始接受治疗。在解决她和小儿子之间的问题后，我们开始思考为什么放手让她这么没有安全感。凯蒂慢慢意识到，她之所以害怕放开儿子们，是因为她从未和父亲或前夫有过联结。她觉得如果再放开孩子，她在这个世界上就是孤身一人了。

凯蒂致力于消除对父亲的怨恨，最终从被父亲冷落的阴影中走了出来。她已经很多年没有和他说过话，但作为治疗的一部分，她决定试着重新建立这段关系。起初，父亲对凯蒂很不友好，我鼓励她继续保持联系，随着时间的推移，他们的关系开始有所进展。虽然不完美，但他们逐渐联结在一起。

这一联结让凯蒂不再需要通过孩子来摆脱孤身一人的困境，也为她开启了一扇没有负担的感情之门。她目前正和一位大学教授约会，他能够平衡好凯蒂、朋友、工作和爱好之间的关系。他和自己的父母及孩子的关系都很好。凯蒂告诉我，他甚至和前妻保持着良好的关系。凯蒂第一次体验到恋爱的感觉，她说这种感觉很好。她还在继续改善与父亲的关系，并与儿子们建立适当的联结。

凯蒂的前两任丈夫都是她在原生家庭的影响下选择的，但在两次尝试均以失败告终后，她去学习了一种新的风格。

第十七章

情感无能测试

新的工具

拥有新的工具，可以帮助人做出改变。你可以把人际交往技能看作“人类工具包”中的工具。你拥有的技能越多，你的工具就越好。

这本书余下的内容将会介绍一些新的工具，并为你提供一些方法，让你更有效地使用它们。你能通过这些工具来更好地识别哪些关系是不可行的，哪些关系是值得努力的，以便建立真正想要的关系。

这些工具也将帮助你提升人际交往技能，改变那些阻碍你脱单的行为和信念！

先检查自己

如果你怀疑自己可能是情感无能，要怎么确认这一点呢？这听起来也许像一个悖论：“如果我和我的情绪没有联结，我怎么能知道我和我的情绪没有联结呢？”

试试下面的测试，看看你的情感无能处于什么程度。

情感无能测试

请根据下列问题，选择最符合自己的程度。

1 = 从不　2 = 有时　3 = 经常　4 = 总是

1. 当我看电影时，能与角色产生情感共鸣。	1 2 3 4
2. 当人们告诉我他们很难过时，我可以与他们分享情感。	1 2 3 4
3. 当我看着伴侣，无论何时，我的感觉都很强烈。	1 2 3 4
4. 我生气一会儿就好。	1 2 3 4
5. 我期待和伴侣建立长久的关系。	1 2 3 4
6. 当我听到一首快乐的歌时，我感到快乐。	1 2 3 4
7. 我喜欢笑，也喜欢哭。	1 2 3 4
8. 我可以从伴侣的行为中了解他的感受。	1 2 3 4
9. 我告诉别人我的情绪是什么。	1 2 3 4
10. 当我感到害怕时，我能克服它。	1 2 3 4

11. 不管我和谁在一起，我很清楚我是谁。	1 2 3 4
12. 我知道自己的价值观和信仰，并一直坚持。	1 2 3 4
13. 我很清楚自己的个人目标和情感目标。	1 2 3 4
14. 我可以和伴侣谈论自身感受。	1 2 3 4
15. 我喜欢感知别人的情绪。	1 2 3 4

把总分加起来。你的分数：

1 ~ 15 分：情感对你来说只是一个神秘的存在，你需要努力找到情感性自我。

16 ~ 30 分：你和你的情感生活有一些联结，但大部分时间都处于灰色地带。

31 ~ 45 分：你在生活的多个方面都建立了情感联结，但对于某些事情，你会选择逃避和隐藏。

46 ~ 60 分：你的情感联结已打通。你了解自己的情感，并能够识别他人的情绪。

现在你知道自己的状态了，下一步就是了解与人联结的方式，并做出一些积极的改变。请记住，改变的过程可能会让人感觉不适，但不要急于求成，结果会是积极的。花点儿时间让改变变成习惯，让习惯变得安全。这样你就有可能将改变融入生活。

PART THREE

改变与成长

：

如何正确地对待自己和他人

第十八章

情感定位：
改变与成长的框架

我们前面探讨了情感无能的人和关系，你也应该知道了自己的情感状态，现在是时候讲讲工具的问题了。好的工具可以帮助我们应对那些不愿改变的人，增进与伴侣之间的亲密感。

改变是一种选择，想要改变的人才能做出这样的选择。不管你多么希望伴侣有所改变，事实是，他可能会继续我行我素。除非他准备好了，否则你无法让他改变一丝一毫。你有义务为自己做出选择：留下来，坐等最好的结果，或者离开。

同时，也要认识到，尽管留下来并坐等最好的结果可能很吸引人，但人们只有在自己觉得非常不舒服的时候，才会选择改变。那些隔绝自己情感的人已经发展出了许多应对策略，以至于他们往往需要很长时间才会感到不舒服。你可能会发现自己在徒劳地等待改变，而情感无能者则将这一切视为威胁。

然而，如果情感无能者愿意改变，或这段关系是你无法轻易抛弃的，比如亲子关系，那么打开情感世界的钥匙，就是拓展沟通渠道。

一般来说，我们并没有在学校或我们的文化中，学到太多的沟通和倾听技巧。在原生家庭的所见所闻，是决定我们如何沟通的主要因素。如果你成长于一个只有通过吼叫才能换来回应的家庭，而你的伴侣成长于一个沟通良好的家庭，你们之间不同的沟通方式将会阻碍彼此的交流。你们各执一词，争执不断，都认为自己的方式是正确的。你可能会花很多时间去想，为什么当你开始发表意见的时候，伴侣看起来就像被车头灯照到的鹿一样僵硬。伴侣则会在很长时间里把你的大声争论误解为愤怒的吼叫。好像发生了很多事，对吧？但在此期间，恰恰没有沟通。

每当你与他人进行语言或非语言沟通时，这个考量维度可能会对你有帮助：情感定位（emotional location）。

情感定位，是指一个人在任何特定时刻使用的情感视角。与你沟通的人也有他们特定的情感位置。我们可以把情感定位想象成像跳房子游戏一样的布局，有五个主要的格子，任何人在任何时候都有可能占据其中一格。沟通会如何开展，不仅与你的沟通对象在当下占据的格子有关，也与你自己所占的格子有关。人们经常在沟通过程中毫无征兆地移动位置。但不要恐慌。当我介绍完全部的格子，你将成为情感定位的专家！

先来定义一下被我称为“交流”的沟通单元。交流，是指两个或两个以上的人之间的语言或非语言的沟通。它可以是面对面的，也可以通过信件、电话进行，或通过其他任何传递思想的方式。它可能涉及两个人，也可能涉及数百万人。介于两者之间的任何交流可以是单方的（比如有人向你挥手致意、老师讲课、新闻播报），也可以是双方的（比如对话、争论、开玩笑），也可以是多方的（比如观看比赛的观众、小组讨论）。很明显，在多方交流中，可能存在一些单方或双方的交流。交流可以是完全不带感情的，也可以是充满感情的。它可以是重要的，也可以是琐碎的。交流是沟通的基础，因而也是各种关系的基础。交流还是情感定位的工具。

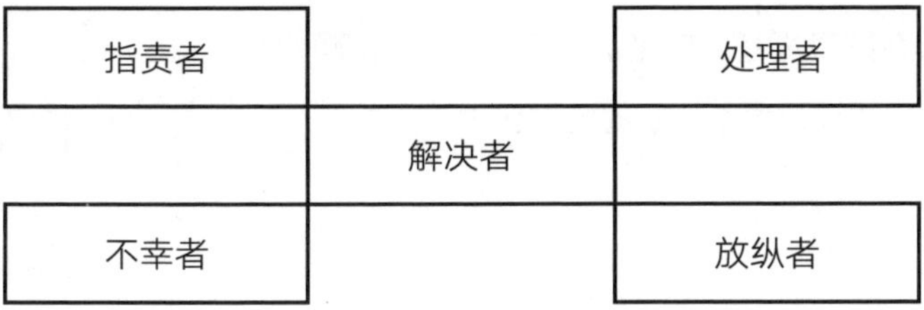

情感定位的五个格子

先说个坏消息：在这五个格子中，有四个是功能失调的。我真的不喜欢“功能失调”这个词，因为它已经被滥用了。来访者向我倾诉“我来自一个功能失调的家庭”，好像这样说，不仅是要告知我可能需要了解的关于这个家庭的一切，还向我吐露了一个肮脏的家庭秘密。我不知道他们希望我做何反应。功能失调对不同的人来说，有不同的含义。它可能意味着一个人来自一个不和睦的家庭，也可能意味着一个人的亲密之人酗酒或滥用药物，还可能意味着一个人深受家庭仪式的折磨。这种广泛的应用使得这个词实际上毫无意义。

它还代表了一种主观臆断。当来访者提到这个词时，他们几乎都特意压低了说话的声音，就好像在某种程度上，没有处理好家庭的情感问题是他们的错一样。那些对家庭环境感到羞愧的人，那些深陷疯狂家庭的人，很难从积极的角度看待自己，因此也很难改变自己、治愈自己。这个词也被媒体过度使用，用于谈论家庭、学校、社会和工作关系等。我甚至听过，有的国家被称为功能失调!

为了避免概念不清、主观臆断，我将给出我的定义：功能失调行为会妨碍成长、清晰的沟通，以及合理的冲突解决。这种行为可能发生在任何关系、家庭或文化中。

情感定位的基本知识

情感定位是一个工具，借助它，你可以用不同的方式来理解你的沟通对象，这将促进沟通。

要记住，人们选择自己的情感定位和行为是有原因的。不管这个原因在你眼中是好是坏，它对那个人来说都有意义。还有，选择往往是在无意识的层面上做出的。这就是为什么当你质问某人的行为动机时，他会矢口否认，而且否认得非常真诚，因为这不是一个有意识的选择。

人们选择自己的情感定位，往往是因为这个位置让他们有安全感。对大多数人来说，有安全感通常代表可控、合乎逻辑。之所以出现沟通问题，是因为在交流中，对一个人来说是安全、可控的东西，对另一个人而言是不安全、不可控的。

格雷格和洛拉对合理开支有不同的看法。两人都是业界专家，收入颇高，但洛拉总担心钱的问题，而格雷格虽然花钱大手大脚，但并不过分。他会在夫妻的联合支票簿上记录他签发的支票，而且，他们从未遇到过资金问题。

他们来接受治疗，是为了缓解洛拉三次流产带来的悲痛。然而，他们每次来面谈，关注点都在钱上。通常，这个话题由洛拉开启，她对格雷格“不负责任”的开支大为光火。每次治疗，她都会一一核对他签发的支票，批评他的每一笔花费。格雷格则会用合乎逻辑的观点回应，这些开支完全在他们的预算内，并提醒洛拉，每笔开支她都知道。

格雷格每周都会提议，如果洛拉愿意，他可以把自己的支票簿交给她管，但每次她都会愤怒地拒绝，指责他不去面对真正的问题，还试图用以退为进好的方式控制她。但问题是，她无法界定什么是真正的问题，除了三番五次强调格雷格花钱太多。格雷格的回应是，他认为她过于关注无关紧要的细节，并企图借此控制他。

格雷格和洛拉陷入了某种消极的交流模式，而这源于他们的内心是不安全的。随着治疗的进行，很明显的一点是，他们童年未解决的恐惧，在流产造成的情感丧失中得到了具象化。金钱成了他们过去的恐惧和安全问题的战争焦点。对每个人来说，金钱几乎都是安全和权力的强力象征。在洛拉看来，格雷格的大手大脚对她的安全构成了威胁；而在格雷格看来，洛拉的反对是为了控制他。在金钱的纠葛下，两人都看不到更深层次的问题。

控制是一种很大的动力。它既有内部功能，也有外部功能。从内部来说，控制带来了安全感，因为人们觉得自己就是掌控者，能够决定自己的人生。从外部来说，控制是一种需要，能够从别人那里获得力量，让自己感到强大。

控制的定位是满足自我：我会从你那里得到我想要的一切，这样我能感觉更好，但我不在乎你会为此付出什么代价。控制容易变成一种意志力的较量，让双方都处于不安全的位置上。

带着这样的心态，一个人往往会一次又一次地占据相同的情感定位。因为它有着可预见的结果，即便它可能不健康，甚至是不安全的。如果你意识到自己处在一个熟悉却不太健康的位置，并且，你对它招致的结果感到不舒服，你可以选择移动位置。同样地，你的伴侣也可以选择移动位置。情感定位的框架允许双方一起变化和成长。这不仅需要练习，还需要有改变的渴望，再加上一些有关改变的方法和安全感。但在移动之前，你需要知道你在哪里，所以接下来我要讲情感定位的框架。

解决者

处于这个位置的人，能让所有与之相关的人获得成长，并进行有效沟通，合理解决冲突。解决者的定位会赋予人以“我可以”“我能行”的感觉，并让人敞开心扉。解决者对所有相关者都是尊重的。解决者专注于问题本身，而不是人，他们寻找的是解决方案，而不是满足感。

这种方法的目标是保持对解决方案的关注。具体来说，这意味着交流将专注于问题及其解决方法。它不涉及个性、经历或其他问题。相反，交流的目的是找到一个双方（或多方）都能共赢的解决方法。

另一方面，当人们试图满足自己的需求，甚至不惜以牺牲他人的情感、需求、成长或生活为代价，就会出现以满足自我为中心的交流。这种交流与解决问题没有太大关系。相反，它传达的信息是，我要我想要的，我不在乎你在这个过程中是否受伤。

解决者是专注于解决问题、情绪可用、尊重他人、合理设限、一次只做一件事、想要找到答案或解决方案的人。解决者寻求赋予自己和他人力量。他们只会控制自己的行为。解决者很自信，但没有任何侵略性。

有侵略性的人通常专注于自我满足，因为他们希望自己能够得偿所愿，而不考虑他人的需求。自信的人能够追求自己想要的东西，但决不会以牺牲别人的利益为代价。相反，他们想找到一种方法，让所有相关者都得到满足。

解决者

□关注问题本身，而不是人

□尊重一切

□寻求解决方案，而不是满足感

□赋予说者和听者以力量

□自信，但没有任何侵略性

□寻求双赢的解决方案

指责者

每个人都接触过指责者吧。这类人总爱指责别人是问题的根源。几乎所有指责者说话，都习惯用手指指点点，含有羞辱和警告意味。

在指责者的人际关系中，人们相互责难、羞辱。他们的目的是让对方觉得自己没有价值、没有能力、不称职。通过这种方式，指责者希望让自己感觉更好、更强大、更有控制力、更能干和更老练。

指责者企图凭借恐惧和谴责来控制他人。指责者的典型用语包括“应该”“总是”“从不”“你的错”“要是……多好”，例如“要是你一开始就做对了该多好”或“要是你知道该怎么做就好了”。对指责者而言，解决问题永远没有满足自己的需求重要。指责者总在挑别人的毛病，不仅针对行为，也针对事情，还要确保自己不会受到任何指责。

一个指责者，看着被雷电击倒的树砸坏的后门廊，可能会说：“你知道，三年前我就告诉过你，那棵树离房子太近了，但你什么都没做。要在这里建门廊的时候，我就警告过你，这里离树太近了，但你却想留着这棵树，并把门廊建在这里。要是你一开始就听我的，这事就不会发生了！都是你的错，是你让我们陷入了这样的困境，我们得花一大笔钱才能把它修好。你从不听我的话。”

指责者选择这种咄咄逼人的方式，是为了达成某些目的。首先，把对方置于顺从的位置，即把对方摆在犯错方的位置，能让他们感觉更好、更有力量。其次，指责者旨在进行外部控制，表现为制造或试图制造恐惧。恐惧可以是身体上的——对暴力或攻击的恐惧，也可以是情感或心理上的——害怕被抛弃，害怕失去爱或联结，害怕遭受心理上的攻击，害怕被羞辱、指责，或是害怕自己不够好，得不到对方的爱和关注。

没有人想做错误的决定，或故意忽视了对方，或是因为自己的错导致两人的感情出现问题，但是，当做出错误的选择被夸大为“整个人就是一个错误”时，这种伤害比内疚感要大得多，因为这种伤害是羞耻感。

内疚感是你对自己做过的事的感觉。它与你的行为紧密相连。羞耻感是一种觉得自己做人很失败的感觉。它关注的不是行为，而是行为者本身。羞耻感传递的信息是，你生而为人，就是错的。这会削弱一个人的自信。于是，深感羞耻的被指责者将自身的权力移交给指责者，随着被指责者的地位越低，权力越小，指责者就会感到自己越有力，越强大。

在这种情况下，指责者不仅想表明，被指责者对门廊受损负有责任，而且还想指出，被指责者是一个糟糕至极的人。的确，指责者可能给过一次（或多次）明确的警告，即这棵树和门廊会导致一场灾难。可一旦灾难降临，采取“我早就告诉过你”的立场，除了推卸责任和羞辱对方外，几乎没有任何作用。

指责者是情感无能的，他会通过推卸责任和羞辱，来打破对方的内心平衡，并与对方保持距离。和指责者在一起意味着，你不仅要不断地保护自己不受责难和羞辱的攻击，而且要知道对方会有这样的目的，即让你处于劣势，让你一败涂地。

可悲的是，有些父母总是指责孩子，只关注孩子的消极行为，漠视孩子的成绩，无视孩子的积极选择。通常，这些父母认为孩子会从中吸取教训，他们担心孩子会因为表扬而变得懒惰或傲慢。然而，不断指责和贬低会给孩子一个信息：他本人，而不是他的行为，就是问题所在。这很快会让孩子觉得自己一无是处。孩子没有改正自己的不良行为，反而把批评解读为人身攻击。长此以往，孩子就会觉得自己是一个无可救药的坏小孩。

指责者

- □羞辱他人
- □总想着满足自我
- □关注的是人，而不是问题
- □总想挑别人的毛病
- □试图避免被指责
- □具有侵略性和攻击性
- □试图获得控制权
- □试图制造恐惧

不幸者

当指责者横加指责时，不幸者表示接受。不幸者说："这都是我的错，你是对的，我从来没有把一件事做好过。我糟糕透顶，错误百出，但这真的不是我的缘故，因为我也是 _____ 的受害者。"你可以用你能想到的各种借口来填空，而所有这些都是针对这个指责者的。但指责者并不会理睬这些借口，于是责任又回到了不幸者身上。这样就陷入一个恶性循环：指责者的立场是，不幸者是一个坏人；不幸者的立场是，尽管这可能是真的，但这真不是他的错。

指责者利用恐惧来控制别人，而不幸者则利用无助，他会被动地等待别人读懂自己的想法，一旦解读得不准确，他就会流露出受伤、难过的神情。无助指的是一种被选择的境地，旨在将任何需要承担的责任转嫁给其他人。毕竟，如果你认为自己无助、无力、大错特错，那你在情感上也是完全无能的，你怎么能担得起这份责任？因此，你不必冒着受伤的风险去面对眼下的问题。

指责者说，这都是不幸者的错，如果他听了我的话，这可怕的一切就不会发生；但他没有听，所以他是一个坏人。不幸者同意这一说法，但是，他心里感到不痛快，于是试图把责任推到别处。这个责任要么回到指责者身上，要么被推给第三方，要么转嫁到无法控制的事件上。似乎没人认识到，在许多情况下，根本没有人应该受到指责。这种认识会让指责者感到不舒服，因为他无法从一个各尽其责的情况下获得权力，而这也会让不幸者感到不舒服，因为无从归咎，也就无从联结。

没有外部定义，不幸者很难认识自己的情感。除非在被指责、被羞辱的情况下，不幸者的情感才有明确的定义。指责者也很难意识到自己的情绪状态，但陡增的权力感像是一种联结。

不幸者的言语通常听起来很无助："我什么都做不好。我什么都能搞砸，所以我必须让别人替我思考，替我行动。"然而，在这套话术背后，隐藏着更深层次的意图，那就是不幸者想要避免任何可能需要承担责任或做出决定的情形；不幸者还想要别人主动为他提供情感联结，好让他在这个世界上定义自己。

不幸者也有一种潜在的信念，即自己所遭遇的一切都是应得的。如果恰巧遭遇了不幸，这种信念就会被归结为："我活该被虐待，因为我是个坏人。"但是，没有人应该被这样对待。这种信念也可能成为一种权利，也就是："我有权不接受任何指责，即使我应该为此负责。"这两种立场在情感上都是不可取的，既没有专注于解决问题，又对相关者没有任何益处。

有时，不幸者会发起交流，试图与指责者进行一些情感沟通，但这实际上是在说：“我很无助，我需要你告诉我该怎么做。”不幸者想通过与指责者接触，寻求一种情感联结，尽管它是消极的。指责者和不幸者之间的关系十分紧张，且纠缠不清。此外，双方的角色常常会来回切换，指责者可能会变成不幸者，不幸者可能会变成指责者。

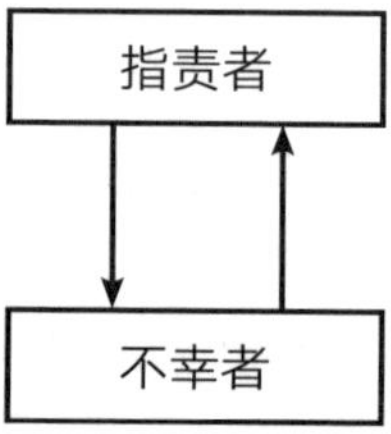

这种“不幸者／指责者”的模式存在于许多错误联结的关系中。通常，在这种模式下，双方当事人都有既定的角色要求，并且想要维持角色形象。这种关系背负着许多规则和期望。角色、规则和期望的任何变化，都会让双方的关系陷入混乱，而混乱会加剧指责或羞辱的恶性循环。你还会发现这段关系存在身体或情感上的虐待。一方面，指责者试图通过恐惧来控制不幸者的行为。另一方面，指责者想要惩罚不幸者，并让不幸者接受惩罚。不幸者不仅以一种自己能理解的方式得到了梦寐以求的情感联结，还因而强化了自己的信念，即他活该被虐待。

指责者可能从肢体暴力中获得权力，但随后会因这一行为而背负羞耻感和罪恶感。于是，指责者必须找到一个可以卸掉负担的地方。猜猜矛头会指向谁！这种模式最终会陷入受害者循环中，但同时，双方在情感上仍然获得了满足。

指责者和不幸者之间的感情太过狂热，太过情绪化，也太过戏剧化。吵闹和骚动充斥其间，还可能引发极端暴力事件。

不幸者

- □以无助来控制对方
- □专注于扮演受害者
- □试图指责别人的行为

处理者

这不是你心中所想的那种有爱心、有同理心的人，也不是那种以适当的方式关爱自己和他人的人。占据这个情感定位的是一个情感无能的人，从本质上讲，即“我比你更知道你真正需要什么，所以我不管你怎么想，我会为你得到它／做好它／处理它”。

帮助是为别人做一些他们自己做不到的事情。
照顾是为别人做一些他们自己能做也应该做的事情。

处理者试图以溺爱和无微不至的方式来控制对方。不同于指责者以恐惧来控制，或不幸者以无助来控制，处理者擅长以善意为名行控制之事。他的控制方式是侵略性的关心，再配上内疚。

拿之前的树和门廊举例，处理者会对你说：“我知道这一切让你感到不安，但不要担心，我知道该怎么做。我会出去再找份工作来支付修理费，我会把这棵被击倒的树移走，再选棵新树栽在那里。我来出钱搞定一切，你什么都不用做。”你可能会反过来问自己：这一切有什么不对，门廊修好了，修理费也付了，树的问题也解决了——究竟哪里还不完美？

它哪里都不完美，因为在这场交流中，权力只归一人所有。没错，你可能觉得上面的话听起来很不错，但当你发现，你的农场风门廊被改造成战乱风，还有一棵你最不喜欢的杨树，会发生什么呢？你来到处理者面前，对他说：“我对门廊的设计不太满意，我以为会和以前一样。”处理者的善意会立马消失，取而代之的是委屈和愤怒：“你不喜欢我的选择吗？我猜你一定讨厌我。我连续上了16个小时的班来付这笔钱，你竟然不喜欢？我真不敢相信，我这么努力地让你开心，你居然会对我说这些话……”

指责者依赖羞耻，处理者则利用内疚来打破权力的平衡。处理者的话听起来像是牺牲自己的利益去迁就和讨好你，但那只是假象。处理者试图削弱你的权力和独立性，看似是在关心你，实则是要控制你。他想要传达的信息是：“我这么在乎你，你欠我的。”

处理者的做法令人窒息，他们所提供的帮助远远超出解决问题的范畴。相反，由于处理者始终处于解决方案的中心，解决方案因而变得混乱，带有说教意味。“我就是答案”，是这一定位的精髓。处理者真正需要的，是爱。为了得到自己梦寐以求却从未被满足的爱，处理者愿意不惜一切代价。

处理者的一系列言语，都围绕着“你的需要”“帮助你”“保护你”这样的字眼打转，但这些都不是爱的表现，不像解决者会帮助你解决问题。更确切地说，如果你把眼光放远一点儿，你会发现，处理者要的只是你的服从。

“好吧，你把所有贷款都花在赌博上了。从现在起，我来管钱，我会再找一份工作，你完全不用担心，因为我能把一切都处理好。”这听起来像是在帮忙，直到你发现个人权力不断流失，转移到处理者手中为止。处理者把自己置于控制地位，表现出一副很关心你的样子。但他其实根本不在乎你，他只是在控制你。如果你没有按照处理者的要求做，那么所谓的关心会被内疚紧紧缠绕。处理者会再次尝试控制你，以此感觉安全，感觉被爱。事实上，这些尝试往往会导致混乱，而这只会给处理者更多控制的机会。

处理者有时会诉诸身体暴力，但不会像指责者那样，出于制造恐惧或联结的欲望。相反，这种暴力来自挫败感，“如果你不让我照顾你，并且爱我，我就打你”。当处理者关注的对象试图抗拒或改变这段既定关系时，这一点尤为明显。一般来说，处理者在格子中最主要的关系，是与放纵者之间的关系。

处理者

- □以“善意”来控制对方
- □越来越有侵入性
- □试图让对方感到内疚
- □提供看似有用的主意，其实是想控制对方
- □“我就是问题的答案。”
- □旨在创造一种义务

放纵者

放纵者是非常专注于自我的人，他们最关心的是满足自己的需求，而不太在乎牺牲谁的利益。放纵者经常酗酒，借钱赌博，惯性出轨，挥霍无度，同时利用别人，根本不关心谁会受到伤害。放纵者通过淡漠和操纵来控制别人："如果你爱我，你会帮我搞定一切。"这种态度还带有一种更诱人的成分——欲拒还迎。"如果你是完美的，我可能会爱上你"，这就是放纵者想要传达的信息。

放纵者的典型特征之一是情感无能。对于处理者来说，放纵者的定位是一个自然而然的挑战，因为处理者非常想要控制放纵者，并且相信如果自己变得完美，不仅能够赢得放纵者的爱，还能够控制放纵者。而放纵者不希望有任何情感上的投入，只是想要恋爱的假象和好处。

放纵者是技艺高超的情感骗子。在任何一段关系的早期，他们对另一半似乎都关心备至，爱意满满，总能满足对方的每一个需求。之后，双方总会因为一些矛盾和分歧，突然就打破原先的权力平衡，放纵者的要求越来越多，给予的回报却越来越少。当这种情况发生时，处理者会因为害怕失去放纵者而尝试修复关系，给予更多的照顾，试图重新吸引放纵者。

试想一下，这种套路能够以多快的速度，抓住一个处理者的心。处理者希望修复、改善这段关系，表面上是为了对方好，其实是以善意控制和管理对方的行为。帮助一个人释放隐藏的情感性自我，对处理者来说就像海妖的歌声一样，实在太诱人了。

放纵者从中得到了什么？一切。处理者承担了关系中的所有工作，而放纵者则坐等处理者创造奇迹。当奇迹没有发生，放纵者会把自己的问题归咎于他人——一个即便被指责也不会离开的人。这个人因而更努力，小心翼翼，创造奇迹。放纵者的情感无能之下，是对被抛弃的恐惧，以及坚信自己无法照顾自己。处理者的内疚感和控制欲之下，是一种深深的无价值感，这意味着，他们认为自己被接受、被爱只是因为付出，而不是因为他们是谁。

这些是达成关系的诱饵。处理者试图通过完成所有事情来赢得放纵者的爱。放纵者则认为需要有人来做这些事情，并创造情感的联结，因为他们无法靠自己做到。但放纵者不允许任何人靠得太近，因为这会暴露自己脆弱的一面，这样太危险了！

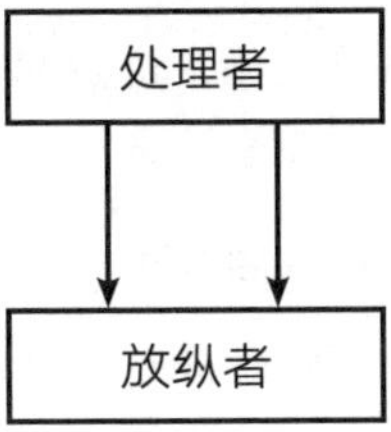

放纵者的典型用语包括："我本不想花光所有的钱，但……""如果某某没有骗我的话……""我做了一笔超划算的买卖……""要不是某某主动勾引……"放纵者想要表达的主旨是，自己是他人阴谋诡计的无辜受害者。放纵者最常用的口头禅是"是的，但……"，这样可以将注意力一下子从借口转移到要求上。

当你听到"是的，但……"时，注意仔细倾听下面的话。许多人都会说"是的，但……"，但当某个人对几乎所有的问题或建议都回答"是的，但……"时，那这个人很有可能是放纵者。

放纵者希望处理者能够为自己的行为负责，并主动将责任转移到处理者身上，同时将处理者置于让一切重回正轨的位置上。放纵者想要传达的信息是“如果你爱我，你就会……”，而处理者拼命想得到爱，所以他会尽一切可能，不仅主动承担责任，而且努力修复关系。当然，这对放纵者来说是远远不够的，但这正是关系持续发展的重要保证。

处理者和放纵者之间的博弈，就像指责者和不幸者之间的一样根深蒂固，但与大吼大叫的权力斗争不同，处理者／放纵者的关系常以眼泪和抛弃为特征。然而，不像指责者和不幸者，处理者和放纵者之间不会互换角色。两者的定位是极其固定的，各自固守着自己在这段关系中的角色。

你在生活中看到过这些联结吗？当你读到这些时，会感到害怕吗？你有没有心里犯嘀咕“天哪，这听起来就像我和某某一直在做的事”？

请记住，每个人都会在不同的情感定位中跳进跳出。如果你发现自己和另一半跳到了某一特定的位置或模式里，你们可以选择一起跳入解决者的格子中。这是一个安全、健康的位置。

放纵者

- □以漠不关心和操纵来控制对方
- □习惯逃避、不负责任
- □可以在情感中保持吸引力，却情感无能
- □总是用“是的，但……”
- □把责任推卸给他人

格子中的其他联结

指责者／不幸者、处理者／放纵者的关系是图表中的主要联结。我们要记住，这些角色不仅适用于爱人之间，也适用于其他各种各样的情感联结中。此外，人们会根据实际情况，在图中的各个位置上跳进跳出。然而，每个人都有一个他最常占据的位置。你找到自己常占据的位置了吗？

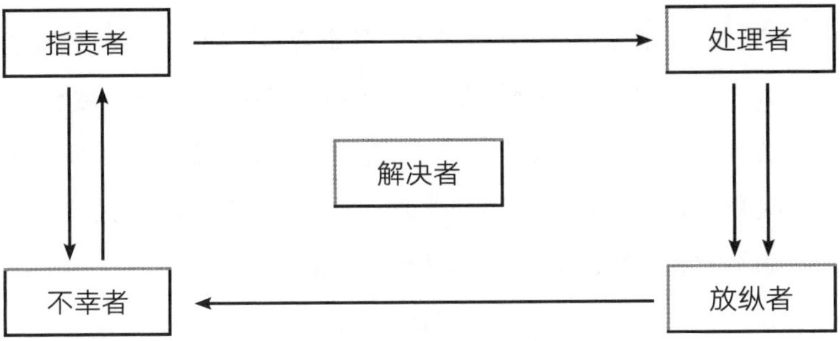

指责者／放纵者

你觉得指责者和放纵者之间的关系是怎样的？别忘了，指责者习惯通过指责或恐惧加以控制，他们喜欢责备和惩罚他人。而放纵者则希望有人愿意主动承担责任，然后解决问题，他们不喜欢被责备。因此，当指责者说："这是你的错。"放纵者的回应是："好吧，但这其实不是我的错，而是某某的错。再说，这个问题现在该由谁处理？"

指责者不太可能成为处理者，而放纵者也不想被指责，所以，要么有人转变角色——放纵者变成不幸者，或是指责者变成处理者，要么关系破裂。

指责者 / 处理者

指责者和处理者彼此都想成为控制的一方，于是两人互相争夺权力。每当指责者试图以责备、羞辱、恐惧来控制时，处理者则会以内疚式关心来应对被控制的关系。指责者对这种令人窒息的回应大为光火，于是变本加厉地指责处理者，而处理者要么更加无微不至，要么无比气馁，以至于滑向不幸者的位置。这个位置对于长期扮演处理者角色的人来说，可能非常熟悉，因为他可能从身为“指责者 / 不幸者”的父母身上，学会了如何充当处理者。

作为“指责者 / 不幸者”的孩子，他们很早就意识到：必须为父母收拾烂摊子。他们成了成年家庭成员的处理者。这种习惯会随着年龄的增长一直延续，当他们长大后，就选择伴侣而言，他们的出发点是为了照顾，而不是因为在乎。

处理者 / 不幸者

那么处理者和不幸者之间的关系呢？这看起来似乎是一个紧密的联结，但其实不然，因为它真的无法接通。不幸者看起来像在请人帮忙，但这只是个假信号。

不幸者已经习惯了因为自己的身份及所作所为而受到指责和羞辱。他的基本信念是，他不值得被拯救或根本不可能被拯救。任何尝试提供帮助或解决方案的人，都会被不幸者视为入侵者、疯子或骗子。

不幸者并不希望事情得到解决，因为那样的话，他可能不得不为自己的生活负责。事实上，他希望继续处于无助和无望的状态，还希望有个指责者，能够强化他的负面信念，让他觉得自己生而为人是无力的，也是没有价值的。

处理者给出的信号是，每个人都可以被拯救，只要愿意将自己的权力交由处理者。然而不幸者不认为自己有任何权力或有任何被拯救的价值，所以，处理者的关怀要么很可怕，要么不真实。这两种情况都不能建立真正的联结。不幸者甚至会退得更远，最终可能转变成一个指责者，把处理者吓跑。

放纵者 / 不幸者

放纵者和不幸者之间的联结看起来似乎很自然：放纵者在寻找可以指责的对象，而不幸者已经习惯了当替罪羊。然而，放纵者想要的不仅仅是替罪羊，他还希望有人来收拾残局，而这就是这段关系破裂的症结所在。放纵者说："这是你的错。"不幸者表示同意。然后什么也没发生，于是，放纵者做出一些粗暴的举动，并说："这是你的错！"不幸者再次同意，还是什么也没发生。放纵者为了建立一些可识别的情感联结，变得越来越放纵，而不幸者一直在等待，变得越来越迟钝。最终，总有一方会因极度挫败而转变角色。通常情况下，不幸者要么成为一个喋喋不休的指责者，把放纵者赶跑，要么充当处理者的角色。在某些情况下，放纵者会转变成指责者，甚至采用肢体暴力，来发泄因不幸者的消极行为而产生的挫败感。

两个试图占据同一位置的人也会产生一些有趣的情感交流。

指责者 / 指责者

两个指责者主要致力于权力斗争。首先，他们互相审视，评估对方的实力。接着，可能会互相试探一下，看看对手有多强。之后，为了争夺地盘，两人难免发生一些冲突。最终，一场大战无可避免。这类行为在大公司和高校中极为常见，因为在这些地方，晋升压力大，优质资源有限，所以有着严格的斗争法则。

两个指责者有时也会发展出一段恋爱关系，但支配、控制和权力斗争，很快就会耗尽这段关系的能量，让彼此都感觉到心力交瘁。

不幸者 / 不幸者

两个不幸者在一起总爱互发牢骚。双方都试图证明自己比对方更加不幸，结果，没有人采取任何行动来解决问题。

最终会导致其中一人转变成指责者或处理者。这类关系经常出现在“一人独大”的家庭里：指责者在家里占据支配地位，而其他人则充当不幸者的角色。它也可能出现在诸如此类的团体或其他人际交往中：指责者和其他人之间存在着巨大的权力失衡。

放纵者 / 放纵者

两个放纵者可以成为好伙伴，一起花天酒地，不停地陷入小麻烦甚至大麻烦中。这类关系也可以出现在一对缺乏责任心、沉迷玩乐的伴侣之间，或者类似的团体中。但放纵者与放纵者之间充满了钱财纠纷和法律问题，等到激情退去，很快就会分道扬镳。

或许，这点可以从一对自称为富豪和企业家的商业伙伴身上有所体现。起初，随着风险投资的竞争力日益增加，两个放纵者变得越来越自负。可问题的根源在于，双方从未考虑过后续投资的资金来源，或者投后管理应该怎么做。亲自处理这些对两位“大佬”来说，真的太无聊了。

相反，双方都忙着大肆挥霍，直到税务局或银行前来问责。于是，两个放纵者一边互相扯皮，推诿责任，一边四处找人解决问题。

处理者 / 处理者

两个处理者可能会像两个指责者一样进行争斗，试图争权夺利，胜过对方。

还有可能出现三方联结、四方联结，等等。当你面对一个多方交流时，停下来，留心观察其他交流者，看看能否找出他们在交流中所处的位置。一旦你知晓了每个人的定位，你就掌握了所有你需要的信息。

你也许会注意到，在交流过程中，多方联结常常发生角色转换。转换成哪个新角色，取决于这段关系对当事人有多重要，当事人的情绪可用性有多少，以及问题有多难以解决。角色转换会让多方交流变得混乱，但也不一定。只要你知道自己的立场，你就不会陷入混乱。

柯林斯博士的真言

我们刚才讨论的联结都不是以解决方案为中心的。在上述每一类关系中，人们都在试图满足自己的需求，而不考虑对方的需求。

特殊的三方联结

在不同的关系中，有一类特殊的三方联结。它始于指责者与不幸者之间，可不幸者找了别人，通常是处理者，来“拯救”他。这类关系看起来是这样的：

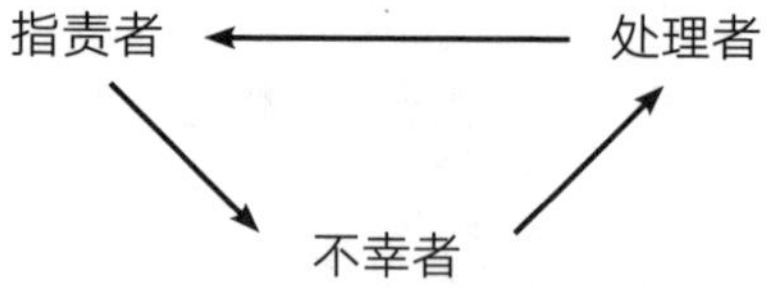

处理者回应了看似合理的求救，闯进他们的二人世界中，选择通过攻击指责者来帮助不幸者。

于是，这类关系发生了转变。原先的处理者转变成新的指责者，原先的指责者受到攻击，成了新的不幸者。而原先的不幸者，则成了新的处理者。因为最初的求救，现在轮到新的处理者去拯救新的不幸者，攻击新的指责者了。

看看吧，这是一个多么可怕的恶性循环！这是亲子、兄弟姐妹、同事或朋友之间很常见的模式。这是所有婆媳矛盾或情景喜剧的原型。

如果你发现自己深陷这种“旋涡”中，要想停止循环，成为一个解决者是唯一的出路！

只要你能处在解决者的位置上，基本上能够顺利应对任何交流，而不会陷入消极的境地。

如果你发现自己正处于其中一种模式，并准备好做出改变，有一种方法可以帮助你停止不正常的联结，建立健康的关系。只需要一点儿小小的魔法！

试想一下：你的老板是一个臭名昭著的指责者。他嘴里吐出的每一句话都是怪罪、羞辱或指责。如果你问他一个问题，他的回答往往带有侮辱性。

“你知道吗，菲尔，你一定是世上最蠢的傻瓜，这个问题就连白痴都会。我肯定不止一次说过，你就是个无能又无用的蠢货。”

你是怎么回应的？你可能要么缩成一团，当个唯唯诺诺的不幸者，认同老板的说法；要么选择还击，当个指责者，加入到这场骂战中来；你甚至可能当个放纵者，一味无理取闹，让老板悻悻而去。无论你选择其中哪一个角色，你都会处在一个不正常的位置上，除了变得更挫败、更愤怒或者被解雇，什么也得不到。你永远不可能改变老板的想法，因为他已经得到了他自认为想要的东西。他通过让你难过来让自己感觉良好。

如果采用解决者的方式，会怎样？

试试这个。读一遍老板的台词，尽可能地表达出你的恶意，然后，用你自己的声音回应。

柯林斯博士的八字真言：
“我很抱歉你这样想。”

现在，试想一下老板的反应。矛盾没有进一步升级，因为你刚刚直言，你不愿意继续争执下去。你也没有表现出不尊重。你确实觉得，他这样想，你很抱歉。然而，你已经谦恭地表示反对，并拒绝继续辱骂性的对话。

柯林斯博士的八字真言有着神奇的力量。如果再加上柯林斯博士的神奇问句，整个沟通就会被引向一个完全不同的方向。

柯林斯博士的神奇问句：
“我们需要怎样做才能解决问题？”

要想明白我的意思，你可以再带着恶意，读一遍老板的台词，然后在八字真言后面加上神奇问句。突然间，你改变了整个沟通的走向。这听起来是不是很神奇？你知道老板的沟通方式是不健康的，但你仍然邀请他和你一起寻找解决方案，进行情绪上的交流。

生活并不总像我们希望的那样发展，因此，你可能会遭到老板辱骂性的反驳，比如：“菲尔，要想解决这个问题，唯一的办法是你少犯点儿蠢。你就是个白痴！”再试一次。这次，你可能想试试别的神奇话语。

一旦你对“以解决问题为中心”这句话有所领悟，请尽情发挥你的创意，把这个方式内化于心，为你所用。下面是一些例子：

“谢谢你的意见。”

“谢谢你的分享。”

“很感谢你的关心。”

“我明白你对此深有感触。”

“我希望我们能一起解决问题，而不是互相攻击。”

“看看能不能共同解决这个问题。”

这些例子的本质是，你承认对方的存在，但不和对方一样处在不正常的位置。你专注于解决问题，能够邀请别人一起建立安全的情感联结。不断重复这些神奇的话语和问题，直到对方听到你的声音，并加入进来。

神奇问句的魔力来自一个转变的机会。它邀请站在对立面上的人来到同一边，成为解决问题的伙伴。此外，它把所有过去的问题先放在一边，专注于解决当前的问题。它加强了情感的呈现，避免了隐藏和疏远。

处在解决者的位置，可使你远离不健康的联结。你的情感能量也节省了很多，因为你不必一直费神费力地与对方争辩。你可以把能量用在建立健康的人际关系和享受生活上。处在解决者的位置，还可以帮助你教会他人如何加入你这边。最有趣的是，解决者的位置是唯一一个能让每个人都感到舒适的位置！一旦你来到解决者的位置，你会发现生活中的破坏性冲突和混乱在急剧减少。或许，你仍然会遇到冲突，但它们也会帮助你学习和成长。你会发现，站在解决者的位置上，看到问题得到解决，人们互相尊重，相互合作，这种感觉有多好！

良好的沟通技巧是情感联结的核心。毕竟，良好的沟通能让别人了解我们的想法和感受。我发现很多人的沟通问题，都是源于童年时期，父母情感封闭、情感无能，未能充分回应他们的情感需求。出自这类家庭的孩子，在长大后会顺理成章地认为，自己的伴侣应该能读懂他们的想法。但我们都知道，这并不太可能。

好消息是，沟通技巧很容易学习，而一旦学会，也很容易上手。这意味着，一旦夫妻开始运用良好的沟通技巧，便能时刻保持开放的心态，其他的情感之门也会相继打开。

实际应用

既然你已经理解了这个理论，那该如何将这些付诸实践呢？注意：练习是良好沟通的必要条件。没有人第一次尝试沟通就能做到完美，甚至十次也不行！但你越经常使用这些沟通技巧，你的沟通能力会变得越好，你就越能克服与情感无能者之间的问题。它不是唯一的应对工具，但当我们试图帮助情感无能者建立联结时，它是首要工具。

重要的是，记住改变不能是你强加给别人的。情感无能的人必须自愿改变。没有这种承诺，无论你的沟通技巧有多么厉害，都是徒劳无功的。

要记住，尽可能地处在解决者的位置上，不仅是为了与情感无能的伴侣建立联结，更是为了与整个世界保持联结。置身于解决者的位置上，将改善你的人际关系，让你的人缘越来越好，提升你的工作和生活效率。置身于解决者的位置上，能让你摆脱那些由孩子特别是青少年引发的双输冲突，你将避免那些似乎与亲子沟通有关的反复争论，因为它们只会让双方陷入焦虑和疯狂。置身于解决者的位置上，你还可以游刃有余地应对生活中难以相处的人——父母、老板、邻居，甚至是愤怒的陌生人。那么，应该如何处在解决者的位置上？首先，从使用情感性语言入手。

使用情感性语言

我们在第二章讨论了“我认为”和“我觉得”的区别。当你想要处在解决者的位置上，得先让别人知道你的感受。

说出对方的名字是个不错的方法。大多数人都喜欢听到自己的名字。说出对方的名字还能达成另外两件事：首先，这会引起对方的注意。其次，它使对话专属化，从而增强了有效沟通的情感定位。维持情感定位很重要。这会让对方知道，你并不是要物化他。施虐者往往通过物化来贬低他人的人格和情绪。当你说出对方的名字，你是在吸引他的注意，并避免侮辱性的沟通或行为。

说出对方的名字后，紧接着是“我觉得”，后面跟不同情绪的名称。要记住，这不是用“我觉得”代替“我认为”，而是一种真情实感的表达。

“吉姆，我（觉得）很生气，当……”

后面跟的是令人不快的行为。

“吉姆，我（觉得）很生气，当我和你说话时，你只顾着看电视，不搭理我。”

理想的情况下，吉姆的反应是：“朗达，我听到你说你很生气，当你和我说话时，我只顾着看电视，不搭理你。”

你会回答：“是的，没错。我觉得被忽视了。这就是你的目的吗？”

吉姆可能会说：“当然不是。我们要不要每天留出一点儿时间，这样就可以不受干扰地进行交谈了？”

你会回答：“好极了，这听起来是个完美的解决方案。”

信不信由你，当你和对方在情感上相互联结，并且一直在练习这些沟通技巧，对话就会顺利进行。而且，不只是没有问题的无聊人士适用！关键在于，双方都必须愿意使用“以解决问题为中心”的语言，专注于问题，寻找解决方案，并且能够倾听彼此的想法，置身于解决者的位置上。

专注于问题

探讨问题的解决方案，本身就需要良好的沟通，因为人们经常为两个不同的问题而争吵。双方都不愿意倾听对方的想法，因此，他们根本没有意识到双方谈论的是两件不同的事情。这里有一个例子：

“吉姆，我（觉得）很生气，你就只顾着看电视，都不搭理我。”

“什么？”

“我说，我（觉得）很生气，你就只顾着看电视，都不搭理我。”

“行吧，那孩子们尖叫的时候呢？你不仅让孩子们为所欲为，也从不阻止你母亲对孩子们的过分干涉。”

好吧，现在事情变得一团糟！在短短三十秒内，你和吉姆就有三个问题摆在桌面上。真是令人印象深刻。这三个问题让你无法做成任何有建设性的事情，因为你的本意不是为了解决同样的问题。然而，你并没有彻底迷失，因为你在听吉姆说话，尽管他没有听你说话。

“吉姆，你是说，我的带娃方式以及我母亲的某些做法存在问题，对吗？我认为这三个问题都很值得讨论，但最好不要一下子来。

你想先谈哪一个？”

你承认了吉姆所提出的问题的重要性，并提醒他，你也提出了一个问题，还给了他讨论这三个问题的机会。你已经迈出了重要的一步——你学会了发现问题所在。

运用开放式问题

在与吉姆的交流中，你最后的问题是开放式的。这意味着，它不能用简单的“是”或“不是”来回答。运用开放式问题，会让对方更难拒绝你。你不仅让吉姆承诺谈论这些问题，而且把吉姆和你都置于解决者的位置上。你保留了自己的权力，也让吉姆保留了选择的权利。

但吉姆进入一种高度指责的模式：“我什么都不想谈，你得管好孩子们和你母亲。如果你没有总去购物，这些问题就不会发生。你没有花充足的时间做好一个母亲，却花太多的时间去购物。”

现在，吉姆又提出了一个问题，而这个他显然一直在思考的问题，把事态搅得更加混乱了。不要分心，不要气馁，虽然困难重重，但你仍然牢牢地占据着解决者的位置，而且你决心找到解决方案。此时此刻，吉姆站到了指责者那一边——在他看来，你就是问题所在，但这并不意味着，你必须同意他的观点，或者陷入不幸者的境地，陪他一起玩这种“辱骂—讨饶”的游戏。

“吉姆，我很抱歉你这样想。我想仔细听听你的看法，看看我们是否能找到可行的解决方案。你想抽个时间谈谈你提出的这些问题吗？”这就是柯林斯博士的八字真言和神奇问句的工作原理，目的是阻止指责者的侮辱性语言，并将指责者重新导向解决者的位置。你再次试图寻求解决方案，设定限制。但是吉姆又为难你。

"哦，不，你没必要把它们当回事，我告诉过你我不想谈这些。你只需要管好孩子们，让你母亲管好自己的事，别再花我的钱了，这就是解决这些问题的方法。"

吉姆真的很难搞，他不愿意听你的看法，却急于推卸责任、横加指责，而且，他听起来真的很生气。你可以再试一次。

"吉姆，你看起来很生我的气，我很抱歉你这样想。我希望我们能谈谈你提出的这些问题，还有我的感受，但我不允许你因为不是我的错而责怪我，却避而不谈我们的问题。你想先讨论哪个？"

设定清晰的界限

对于那些喜欢辱骂、指责他人或不愿进行理性对话的人，设定界限是非常重要的。以一种尊重的方式为吉姆设定清晰的界限，然后再次邀请他与你一起寻找解决方案。

你也已经到了临界点上。如果吉姆继续无理取闹，拒绝以合理和恰当的方式参与讨论，你就有证据表明，他不愿或无法改变。知道这一点，对你以后很重要。吉姆可能是想保护自己，或者他觉得受到了指责或攻击，但是，如果他不愿或无法与你交流他的感受，你就无须为读不懂他的想法负起责任。如果吉姆继续以轻蔑或侮辱的方式回应你，并拒绝寻求解决方案，那么，你们之间的问题已经超出了沟通技巧的范畴。但是，这并不意味着良好的沟通是没必要或没有帮助的。你有权让别人听到你的想法，也有权让别人尊重你的感受。如果你在某段关系中没有得到这些，而对方也不愿在沟通问题上下功夫，那你可能需要重新考虑这段关系。

吉姆还有另一个选择，那就是至少讨论一个明摆着的问题。如果你仔细想想，吉姆的问题相当大。他不仅质疑你对孩子的教养方式，还质疑你母亲多管闲事，以及你的消费方式。你们之间的沟通也出了问题，你觉得自己受到了冷落。这四个问题都值得以恰当的方式讨论并解决。

发现问题，是进行这类讨论的第一步。要确保你们谈论的是同一个问题，而这也是成功解决问题的第一步。双方必须共同致力于找到解决方案，并认真倾听对方的意见。只有这样，良好的沟通才能与情绪的可用性结合在一起，让参与其中的每个人都感到被赋予了权力。被赋予权力的人善于解决问题，因为他们不觉得别人的感受是种威胁，他们想让每个人都是赢家。这也是为什么在谈论极度情绪化的问题时，使用情感性语言是如此重要。因为和一个情绪化的人争论，是很困难的。

对侮辱性或攻击性语言零容忍

“我觉得被冷落了，当我说话的时候，你好像并不在意。”

事实上，对这一感受进行攻击没有任何意义。若对方的回应是“你才没有觉得自己被冷落”，很难不让人觉得这话很不合逻辑，还很幼稚。

当然，还有人会试图否认我们的感受，但这一行为真的没有多大意义。他们可能会直接或间接地表示：“你感觉错了。”当某人以否定的方式回应你对自身感受的表述时，这意味着，这个人想要支配你的感受。这是控制行为，是虐待。这并没有专注于解决问题，除了带来更糟糕的感受，什么也没有。

如果你得到了这样的回应，你可以用八字真言的其他形式来改变它："谢谢你的意见（解释、想法等），但我已经准确表达了我的意思，我觉得自己被冷落了。"这句话重申了你的感受，给那个试图为你定义现实的人设定了界限，并将谈话的焦点重新集中到眼前的问题上。

练习、练习再练习

要记住所有细节并不容易。第一次使用这类技巧时，你会觉得很尴尬。但通过练习，你的沟通能力将得到很大提升，因为使用这类语言已经成为你的第二天性。如果你和伴侣都在练习，或者你们其中一人在练习并小心地使用这类技巧，练习就会成为习惯。这种习惯简化了过程，为所有当事人创造了更高的舒适度，并产生了解决方案。它还降低了冲突的数量和强度，因为你们不是在对抗对方，而是作为搭档一起对抗问题。

问题解决技巧

沟通法则

1. 搭档 1：使用情感性语言，说出自己的感受，以及引发这种感受的行为。不要控诉或责备。
2. 搭档 2：以"我听到你说"这句话开头，逐字复述搭档 1 刚刚告诉你的话。

3. 搭档 1：确认或纠正搭档 2 重复的问题。此时，你可以进一步补充信息，来澄清刚才所说的问题。
4. 搭档 2：倾听搭档 1 提供的所有信息。不要否认他的感受，而是以支持性语言和建议予以回应，给出你的解决方案。
5. 搭档 1：重复搭档 2 提议的解决方案，然后加上自己的建议。现在是进行头脑风暴了。做好笔记。分别考虑每一个建议的可行性。
6. 一起：决定一个最适合双方的解决方案。当你同意了，就说："那么，我们的解决方案是……你是这么认为的吗？"
7. 由另一方确认或纠正，直到双方就解决方案达成一致。然后决定何时及如何实现解决方案，以及各自负责哪一部分（双方都应在一定程度上参与实现过程）。
8. 在完成解决方案后，商定一个时间对解决方案进行评估，并修补行不通的地方。

当你们第一次使用这个技巧，会觉得很尴尬，但是随着练习，它会变得更加容易，你们也会为事情解决得如此之快而感到高兴。最终，你和伴侣会找到一些窍门，从而形成自己的风格。但请记住，要想保证成功，双方都得处在解决者的位置上。

还有其他一些技巧可以用来帮助情感无能的伴侣，从而促进有效沟通，增加两人的亲密度。

对质

我几乎能听到你说：“我讨厌对质！我愿意做任何事来避免它。”也许正是这个原因，你才选择和一个情感无能的人交往。情感无能的人通常会尽其所能避免冲突，因为这需要情感。人们常常把对质和侵略混为一谈，认为对质必须提高嗓门、咄咄逼人、怒不可遏。其实，对质并不需要这些东西。相反，保持稳重、专注、有主见而不愤怒，这样更有用。

牢记情感定位，可以帮助你在不提高嗓门或血压的情况下进行对质。你想处于解决者的位置上，并向对立面的人发出邀请，希望对方也加入。同样，你可以从“我觉得”开始，但也可以试试其他方法。

“苏珊，我觉得自己被占便宜了，好心借钱给你，可你总是不还。如果你能尽快还钱，我将不胜感激。你看什么时候方便？”

“打扰了，先生。我在这里等候很久了。排在我前面的，是那位穿紫色外套的女士。”

“母亲，我很感激你对格雷戈里的爱护，但我们已经多次提醒你，不要再给他糖了，因为他吃了糖会变得很兴奋。我知道你想让他开心，让他有掌控感，但请你不要再这样做了，好吗？”

在上述不同情况下，对方的感受都会得到承认，而你也能清楚地识别问题，并表明你的立场。

对质 vs 解决问题

那么，什么时候使用对质而不是先着手解决问题呢？当你的权利或界限正被另一个人的行为或决定侵犯时，你就需要用到对质。苏珊借钱不还；在银行排队时，有人想插队；母亲不顾你的要求一直给孩子糖吃。所有这些都侵犯了你的界限。这些情况确实包含问题，但你的目标不是解决一个双方共有、可以协商的问题。相反，你要试着设定你能容忍的最大限度。

如果对方对你稳重、非攻击性的对质表现出攻击性，你可以再次设定界限，比如说："如果你为此感到生气，我很抱歉，但我不会容忍攻击性（或辱骂性）的语言（或行为）或歇斯底里的叫骂。"你保持冷静，声音低沉，并以一种非攻击性的方式回应。通常，对方会冷静下来。如果没有，你可以选择离开，避免对质升级，也避免增加自己的挫败感。

有主见

有主见是目标。要记住，有主见的人知道自己想要什么，不会让自己的权益受他人侵害，并时刻处在解决者的位置上。

当你有主见而不咄咄逼人时，你便为另一半创造了一个安全的环境。这非常重要，因为你应该还记得，对许多情感无能的人来说，一个核心问题就是安全感。如果你思路清晰，有主见，能控制情绪，你的伴侣就会感到足够安全，从而变得更有感情，更愿倾听你说话。

记住，当你面对某个问题时，你的目标是找到解决问题的方法，而不是攻击造成问题的人，把你的观点强加给他。

重构

重构技巧来自家庭治疗，在打破沟通僵局、帮助他人获得支持而不是攻击方面非常有效。重构能帮助一个人敞开心扉，提升情感的可用性。

下面是它的工作原理。把一个人的立场看作他视角中的一幅画。那幅画被框了起来，随情况而变化。重构的目的就是改变画框，以便改善沟通。

举个例子，你是否曾把看似糟糕的事情称为“挑战”？你的冰箱上有没有贴着“猫咪不胖，猫咪只是毛茸茸”的冰箱贴？你是否曾巧妙地用“有趣”来夸赞你侄子的钢琴独奏？那么，你已经对重构有些了解了。

佩吉和劳拉是多年的好友。当佩吉和迈克在一起后，劳拉觉得迈克想要除掉佩吉所有的朋友，而自己正是他的目标对象之一。这种被排斥感让劳拉很伤心，也很愤怒，因为每当她试着联系佩吉，她都难以越过迈克，他会在一旁听她们打电话并发表评论。每当劳拉单独约见佩吉时，她就会试着谈论此事。然后，佩吉会指责劳拉嫉妒她有男朋友。佩吉察觉不到劳拉的恐惧和痛苦。

劳拉来接受心理治疗，是为了解决自己的情绪问题，但她无法忘却被佩吉抛弃的痛苦。我鼓励劳拉邀请佩吉参加一次面谈，这样就可以对她俩之间的沟通问题进行探讨。

在那次面谈中，劳拉说：“佩吉，我觉得自己被抛弃了，你让迈克审查你所有的电话，却不再与我一起做任何事。”

“我认为你在嫉妒我和迈克的关系。”佩吉回答。显然，两人对这个问题的看法截然不同。

“佩吉，你明白劳拉的感受吗？”

佩吉回答：“我认为她错了，她仍然是我最好的朋友，她只是嫉妒，因为我有男朋友，而她没有。”

“劳拉，如果佩吉有危险，你会怎么做？”我问。

“我会尽我所能保护她。”劳拉立即回答。

“你怎么知道她有危险呢？我是说，除非她告诉你。”

劳拉想了一分钟，说：“她可能在做一些据我所知很危险的事情，比如酒后驾车或跳伞；或者，她可能在我觉得很危险的地方闲逛；或者，她可能交往了一个危险的人。”

“然而，在上述例子中，她所面临的危险都是你定义的，不是佩吉定义的，对吗？”劳拉点了点头。“但你还是会做你该做的事来保护她？”

“当然。”

“所以，如果你不太了解她，你怎么知道什么对她来说是危险的呢？”

“这可能很难。我想我要更加谨慎才行。”

“有没有可能迈克只是想在一段他不太了解的关系中保护佩吉呢？”

佩吉点了点头，“这正是迈克的做法，他保护欲很强，因为他的第一任妻子被谋杀了，他对谁都有疑心。”

我们现在初步达成了一个共识。“劳拉，如果把迈克视为佩吉的保护者，会让你觉得舒服点儿吗？”这就是重构。迈克现在被当成闺密的保护者，而不是把劳拉挡在友谊之门外的恶龙。劳拉表示，她愿意理解并支持他保护闺密。然后，佩吉表示愿意给迈克设定限制，而劳拉更愿意把迈克视为盟友而不是敌人。

因此，重构就是找到一种看待问题的不同方式，以获得一些共识。这并不是在粉饰一些让人不可接受的事情。举个例子，如果迈克揍了佩吉，我绝不会使用重构，把他当成一个好人。但是，当两个人的观点不同时，重构可以作为一种解决分歧的途径。

对于情感无能的人而言，重构可以为他们提供一个全新的、安全的视角。

如果你经常练习使用这个工具，不用治疗师或调解者帮忙，就能使用重构。关键在于，用另一种方式去看待问题。你可以一边看电视，一边练习重构。仔细听人物之间的对话，试着用不同的方式解读它们。例如，设想一下，对佩吉来说，与迈克在一起很重要，她无法接受劳拉对他的批评。对劳拉来说，她想继续维持友谊，并希望迈克要么做出改变，要么消失。此时，如果将迈克当成一个保护者，佩吉和劳拉就能够继续她们的友谊，劳拉能以不同的方式看待迈克的行为，并尊重佩吉的选择。这种重构让每个人都是赢家，都感觉到尊重。

界限

一般来说，情感无能的人缺乏健康的界限。相反，他们满身盔甲，将自己保护得严严实实。如果你正在和一个界限感模糊的人交往，你需要设立好界限，以防受到伤害。

好的界限需要你处在解决者的位置上，以及恰如其分地自信。好的界限允许你在不切断联系的情况下，限制他人进入你的生活和情感。

那么，什么是好的界限呢？下面列举了一些拥有健康界限的人的行为，这些行为不仅可以帮助你定义何为好的界限，还可以帮助你检查自己的界限。

拥有健康界限的人

□自信

□处在解决者的位置上

□使用“我觉得”的语言

□与自己的感受建立联结

□懂得保护个人隐私

□不送也不收不合适的礼物，不与他人发生不正当性关系

□清楚自己在生活中的不同定位

□不用性代替爱情

□不会为了得到好处而送礼

□尊重他人的身体、空间、思想和感受

□不会口无遮拦

□不会说人闲话

□拥有清晰可辨的情绪

□能够识别他人是否缺乏界限

□不会指望他人满足自己的需求

☐不会认为他人能够或应该读懂其想法

☐不会容忍他人的性虐待、身体虐待、言语虐待或精神虐待

☐不会允许他人来定义自己

☐不会允许他人无限制地索取 / 给予

好的界限，造就好的关系。不管你的伴侣是否具备好的界限，拥有好的界限都能让你在关系中保持安全感。如果你的自我界限足够清晰，也可以帮助界限不明的伴侣，从而建立更紧密的联结，因为你的情感信号容易辨别，也让人有安全感。

严禁问“为什么”

当夫妻双方参与治疗时，我会在开始前声明，任何一方都禁止问另一方“为什么”。因为“为什么”是通向指责的大门，它包含一个无形的质问，比如“你到底为什么要这么做？”

最重要的是，人们使用“为什么”，就好像对方给出的解释才是问题的解决方案，或是缓解情感痛苦的灵丹妙药；就好像知道了对方为什么这样做，就能消除一切痛苦，从而解决问题。但记住，解释不是借口。任何问题都不会仅仅因为行为动机得到解释，就能得到解决。

当一方质问另一方为什么的时候，会改变双方沟通的走向。焦

点不再是解决问题，而是回应对方的质问。即使解释是消极的，质问方也会获得权力，因为质问方会试图让被质问的一方处于劣势。当一方努力解释那些往往无法解释的事情时，双方的关系也不再是积极的情感联结。

在我接触过的很多夫妻中，常见的问题是一方出轨。我们免不了会遇到这样的情况：没有出轨的一方泪流满面，不停地质问出轨的一方“为什么”。出轨的原因非常复杂，通常很难用语言表达出来，尤其是当出轨的一方情感无能时。

情感无能的人很难认识到自己的情绪状态，对主要伴侣和次要伴侣（情人）的情绪反应也都熟视无睹。因此，解释往往非常机械，而不是真情实感的，这可能会让伴侣感到更加痛苦。

“为什么”只会让一个情感无能的人将问题停留在头脑层面，而没有与自身的情感产生联结。质问一个情感无能的人“为什么”，会让他变得更擅长玩弄心机，从而更加情感无能。

质问“为什么”通常弊大于利。当你和一个情感无能的人沟通时，要抵制住问“为什么”的诱惑。相反，你应该坚持解决者的立场，让自己更有主见一点儿。

换成“帮我理解下”更有用。“能帮我理解下，你决定出轨的那一刻是何感受？”你没有质问伴侣为什么选择别人。相反，你问的是感受，你在寻求理解。基于这点，你们就可以在解决问题上达成一些共识，因为你询问的是对方开始出轨时的情绪状态。通过对此进行探究，你会逐渐发现问题从何而来，甚至可能找到解决方案。这是一种建设性的工具，而不是破坏性的。

另一种有效提问是“我想知道”。比如：“我想知道，你是否知道你出轨对我来说有多痛苦？”“我想知道，在你出轨前，你有没有想过我们的关系会受到怎样的影响？”

“帮我理解下”和“我想知道”可以让你以开放的方式提出困难的问题，促进对问题的公开探讨。当处理棘手问题时，你要让讨论尽可能地开诚布公，让每个人都有被倾听的感觉。

“帮我理解下”和“我想知道”在非情感问题中也非常有用。“能帮我理解下你逃学的决定吗？”这种提问方式可以让青少年承担起责任，而不是关闭沟通的大门。通常，你在寻求理解时，青少年会停止耸肩，不再咕哝“我不知道”，因为这样的提问让他觉得自己的回答能被听到。

有了这两个词语，你就有可能拓展出广泛的沟通渠道，从而帮助其他人在安全、非指责、以解决问题为中心的环境中说出自己的感受。

目标与体系

情感无能的人在人际关系中有种放任自流的倾向。他们亦步亦趋地跟着更有爱的一方，直到觉得不适，然后突然离开。对于希望关系进一步发展的一方来说，这种放任自流会令人非常挫败。情感无能的人之所以会这样，主要是因为缺乏明确的目标和实现目标的体系。

在某些关系中，双方都缺乏目标与体系。这些关系最初具有时效性的驱动力——共同的季节性利益、共同参与竞选、共同的工作项目。当驱动力消失，关系的黏合剂也就消失。虽然关系在短期内会被惯性推进，但在一些不幸的情况下，就会发展成不如意的婚姻。

情感无能的人通常比较擅长开始一段关系，部分是因为他们经常这么做。但当他们不得不从安全、已知的初期阶段进入更亲密、更融洽、更长久的关系中的时候，问题就出现了。因为在这个阶段，他们从未获得过成功，所以不知道该如何继续下去。他们会感到不安全，从而离开这段关系。一个对感情的不同阶段都有经验的人，可能期待对方也知道如何度过这些阶段，因此，他会惊讶地发现对方竟然做不到。

如果你想帮助自己和伴侣一起前行，那就和对方一起制定目标。而在目标设置上，需要用以解决问题为中心的方式进行沟通，且要有主见，不咄咄逼人。

“凡妮莎，和你在一起，我真的很高兴，我很享受和你一起锻炼。我想多陪陪你，我们能一周锻炼两次吗？”因为你和凡妮莎需要根据你的日程表进行计划，在你定下了一个结构性目标后，这个计划还需要凡妮莎的回应。你也谈论了自身的感受，这将帮助凡妮莎知道你投入了感情。此外，你非常清楚自己想要什么，这将帮助凡妮莎识别你的感受，并开始与她自己的感受建立联结。

在与儿童和青少年打交道时，目标与体系也很有用，因为它们能让一切变得清晰、可预测。目标与体系有助于孩子们知道自己的界限在哪里，从而在计划中自由选择，并感到安全。

目标与体系还提供了一个建立关系的框架。双方都知道该期待什么，要去往何方。如果每个人都清楚自己的期待和目标，就能在框架内获得自由，并培养健康的人际关系和情感联结。

在制定目标时，双方首先应该明确目的。这一目的对双方而言，都必须出于尊重。一个不适当的目标会以牺牲关系中的一方为代价，以让目标的制定者感到满足。适当的目标则着眼于成长或积极的改变。

制定目标的第一步，是先明确双方各自的目的。当你要求凡妮莎每周锻炼两次，并告诉她，你享受和她在一起的时光时，你是在提出一个目的，然后看凡妮莎是同意还是拒绝，或者她提出自己的想法。虽然你做的时候可能感觉不到，但你们都在给对方提供一些参数、界限和信息，而这可以让你们的关系变得更紧密。

目标可以是短期、中期或长期的。短期目标可以在数小时或数天内实现："我想在这周把车库里的东西都收拾好。""我们今天给母亲打电话，祝她生日快乐。""你愿意明晚坐下来谈谈假期计划吗？"这些都是短期目标的示例。

中期目标在一周到一年左右："希望今年年底，我们能住上新房子。""我想我们应该在七月份决定婚期。""明年冬天，我们一定要办场派对。"中期目标通常包括较复杂的任务，因此可能需要在大的目标中设定一些短期目标。例如，住上新房子涉及找房子、获取贷款、打包行李和搬家，所有这些都是为了达成中期目标而必须设定的短期目标。

长期目标是指一年或更长时间的目标，有些甚至要花上一辈子的时间："希望退休后，我们能住在亚利桑那州。""我希望有朝一日，能坐上公司董事长的位置。""我们的关系在不断发展，并朝着相守一生的方向迈进。"注意看，长期目标的范围有多广！具体的细节来自你为实现长期目标而设定的短期和中期目标。

健康的关系涉及三类目标：短期目标有益于日常生活，能推动事情向前发展；中期目标有助于制定长期目标，并为日常活动提供动力；长期目标会为你的人生开辟道路。

没有目标的人以一种非常被动的方式生活，总是三心二意、见异思迁，从不考虑以后。这种反复无常让他很难与他人建立联结，因为他无法说出自己想从生活中得到什么。另一方面，这个人可能只清楚自己当下需要什么。对于那些拥有良好目标、方向明确的人来说，遇上这种人是非常令人挫败的。

和沟通技巧一样，目标制定也是从小习得的。那些成年后能够制定目标的人，要么是和擅长制定目标的人一起长大并有样学样，要么是下足一番苦功夫学习如何制定目标并付诸实践。强大的内部反馈系统和好的界限对于制定好的目标至关重要。简言之，目标制定是一项高级技巧，需要用到我们之前探讨过的许多技巧。

情感责任

每个人都要对自己的感受、情绪，以及由此而来的行为负责。情感无能的人无法承担这样的责任，因为他们看不到自己的情绪，也识别不出别人的情绪。当遇到问题时，他们往往会否认自己的责任，或将问题的导火索归咎于一个真正有感情的人。

这种推卸责任的行为不仅会引发他人的挫败感，也会产生一种潜在的虐待性的情感环境，在这种环境中，真正有感情的一方觉得自己被抛弃或被操纵了，并发现自己包办了所有增进情感的工作，而情感无能的人却没有任何回应。

特蕾莎和杰瑞来找我时，他们已经结婚十五年了。特蕾莎感觉自己最近被抛弃了，因为杰瑞只在乎他的工作。但杰瑞觉得他们的婚姻一切如常，并把问题归咎于特蕾莎的内分泌失调。

杰瑞说："这是经前综合征。她每个月有两周正常，但另外两周不是一直在哭，就是彻底失控。如果你能给她开点儿药，她就没事了。”

特蕾莎则说：“当杰瑞工作进展顺利时，他能合理安排时间，给我一些关注。但当工作进展不顺时，也就是大多数时候，他一门心思扑在工作上，根本无暇顾及工作之外的事情，所以我们的婚姻走到了悬崖边。顺便说一句，我去看过妇科医生，我确实有一些经前综合征，但比起地狱般的两周，那更像几天情绪异常。杰瑞只是需要一个借口，趁着和我发脾气的两周时间，安心去公司加班，每次在那儿待上三四天。医生还说不需要药物，因为我的经前综合征并没有失控。”

杰瑞承认他时常担心公司状况，但他表示，担心是他工作的一部分。他在一家跨国公司的计算机部门担任高管，组里还有另外两个人拥有同样的头衔，他说他们很少加班，而且在绩效考核时似乎没有受到影响。他还说自己打算以后离开公司去创业，所以并不担心升职问题。

当我问他是否能看到特蕾莎的痛苦，他耸了耸肩说：“她对什么都反应过度。如果我去创业，她也会不高兴的。她只是嫉妒，而且她有经前综合征。”可以看出，杰瑞无法为他只顾工作而造成的家庭问题负起责任。当我问他是否想过离婚时，他既惊讶又生气：“当然没有！我为什么要和特蕾莎离婚？我爱她。”

杰瑞的立场让特蕾莎感到不舒服。为了得到本该拥有的东西，她的要求合情合理，却被他横加指责。她被抛弃的现实感受被杰瑞解读成负面的东西，并希望她能改正。他自己的角色则被美化了：他把自己描绘成一个深爱妻子的丈夫，牺牲自己的时间和精力拼命工作、赚钱养家，并有可能开创自己的事业。他不愿承认是他造成这样的局面，让特蕾莎有种被抛弃、被指责、心灰意冷的感觉。

如果你也处在类似的关系中，你必须坚定地设定界限。要拥有自己的主见，敢于说出自己的期望，制定明确的目标，善用柯林斯博士的八字真言和神奇问句，来帮助对方承担情感责任。

特蕾莎做到了，她设定自己的界限，提出一个目标，并向杰瑞强调，她不会再允许他因为他的问题而怪罪她。她也很清楚哪些是要先需要解决的问题。最后，她要求他承担起属于他的情感责任。

现在是杰瑞感到不舒服了。长期以来，他一直将自己摆在受委屈的一方，从不认为问题出在自己身上。起初，杰瑞试图制造一些新的问题，好让自己站在指责者的位置上。他攻击特蕾莎的家务能力、理财能力、驾驶技术，以及她对音乐的品味。

特蕾莎毫不动摇，并灵活运用八字真言和神奇问句。她没有陷入“指责者／不幸者”的旋涡，而是坚定地站在解决者的立场上。她还不断地重申对杰瑞以及这段关系的目标和期望。

杰瑞最终意识到，他的指责徒劳无益，于是加入了特蕾莎的解决者阵营。随着时间的推移，他们之间的问题最终得到了解决，两人的关系也变得更加亲密。

活学活用

在与情感无能的人相处时，如果你能合理运用这些工具——对质、重构、清晰的沟通、好的界限、制定目标和情感责任，你会让自己少点儿挫败感。同时，情感无能的人也会更有安全感，更加感性化，更能与人联结。

在使用这些工具时，处在一个解决者的位置上，有助于维持低水平的冲突、高水准的解决方案，这既尊重了所有当事人，也能有效地促进成长和改变。

让情感无能的人体验情感联结的另一个好处是，他可能会发现情感是安全的，努力与他人建立联结是值得的。如果他想要改变，下一章会提供一些有用的工具。

第十九章

改变与成长的工具

我们已经学习了一些改善双方关系、共同成长的方法。现在，我们将学习一些帮助个人改变与成长的工具。

与以对方为中心的技巧一样，这些助力个人成长的工具也需要不断承诺和实践，才能成为你生活的一部分。要记住，改变会令人感到不安和不适，所以，如果你有一点点儿情绪上的不适，不要惊讶。重新定义它，将它看作自己成长的证据吧！

内部反馈系统

本书第二章把内控点看作情感无能的一个因素。简单回顾一下，内控点是一个心理学术语，用来确定人们看待事物的角度，帮助他们识别自己的感受，以及对世界的反应方式。

外控点是指个体通过观察外部世界来确定自己的反应和感受。

外控倾向是青少年的典型特征，例如，他们非常在意别人的看法，会依据周围人的反应行事，以获得同龄人的认可。这种行为的极端例子是帮派成员。帮派里的孩子在做行为选择时，完全专注于外部标准，阻断与自身信念的任何联结，而被帮派的群体思维支配。

内控点则是指个体通过自己的内部反馈系统，来确定在任何特定情况下的反应和感受。你可以把它想象成一个内在的情感测量装置。它发展于青春期后期，并为一个人一生的信仰体系和情感反应定下基调。这就是为什么一个没有发展出内部反馈系统的人，看起来是如此的以自我为中心和不成熟。虽然他可能四五十岁了，但他表现出的情感更像是青春期前期的。

在电影《飞越未来》里，汤姆 · 汉克斯扮演一名一夜长大的小男孩，但他的心智还停留在 12 岁，没有随着生理年龄同步成长，可以说是个有着成人身体的孩子。影片中，他是一个很有魅力的男人，行为举止潇洒、不受拘束，但很少顾及他人的感受和权利。情感无能的人与此类似，即便有着成年人的外表，可内里还是一个孩子。他们可能很迷人，但内部反馈系统未能充分发展，很少与自己的情感建立联结，以致无法发觉自己的行为选择所产生的情绪后果。换句话说，他们可能很有趣，很迷人，但往往无法给他人任何更深刻的情感联结。

情感无能的人没有充分发展自己的内部反馈系统。因此，他们陷入了一种青少年模式，即通过观察他人来定义自己的情感现实，并确立对世界运行方式的反应。

这种模式对青少年来说可能很有用，但如果一个成年人通过观察外部世界来确定自己的感受和反应，就会切断与他人的情感往来，把自己与他人完全隔绝开来。这样的后果是，情感无能的人缺乏同理心（觉知他人情感的能力），也缺乏对任何情感做出反应的蓝图。

内部反馈系统的发展提供了这一蓝图。为了建立一个内部反馈系统，我们需要回到青春期，重新开始——这一次不会再有焦虑！

识别你的感受

发展这个系统没有你想的那么困难。第一步是学会识别你的感受，并了解你是如何感知它们的。我们之前讨论了四种基本情绪，以及它们与心态之间的关系。重申一下，四种基本情绪分别是愤怒、高兴、悲伤和恐惧。

其他情绪都可以视为这四种情绪的细分或组合。例如，如果你觉得困惑，它很可能是愤怒和恐惧或悲伤和恐惧的组合。恼火可能是愤怒的一种，也可能是愤怒和恐惧的组合。这个系统的发展并不是随意的，因为它就像情绪本身一样，是非常私人化的。你需要做的就是，与自己的情绪联结，并了解自己的情绪，而这正是与他人联结的第一步。

情绪不仅存在大脑中，也存在身体中。举个例子，想象一下，一个狂风暴雨的夜晚，你正在一幢漆黑、陌生的房子里游荡。闪电噼啪作响，雷声隆隆不断。你的手电筒没电了，只能一点点儿摸索着往前走。突然，一只手从后面抓住了你。

你从身体里感受到了什么？也许，你的心脏会怦怦直跳，胃也会感到不舒服。也许，你的膝盖会不由自主地哆嗦起来，手也会跟着颤抖。当然，你的呼吸频率会增加，还会产生很多即时能量。这就是所谓的“战斗或逃跑”反应。它是由人体分泌的肾上腺素引起的。像心跳加速、呼吸急促、颤抖等身体感受，都是身体对情绪反应的产物。

有一种情绪体验与身体反应是同步且相互关联的，那就是恐惧。由于你的身体和思想是相连的，所以当你有恐惧的身体反应时，你的思想会把它和恐惧的情绪体验联系起来。当你下一次再经历某些与恐惧有关的事时，你的身体反应会和上次恐惧时的情绪记忆同时出现。换句话说，你的大脑读取身体反应，并补充适当的情感信息来促成体验。

当你的大脑把身体感受和情绪联系起来，它便自动储存了你的体验。下次遇到类似的情况，你的大脑会自动读取旧的体验，并将其与新的体验联系在一起。这种联系对远古时代的穴居人非常有用，因为在那个时代，能够记住遇到剑齿虎时的情绪和身体反应对他们来说极其重要。有了这种记忆，穴居人不必每次都重新体验恐惧，便可以立即逃命。

这种强烈的反应对我们也有好处，因为它能帮助我们发展内部反馈系统。

状态依存学习

在你学习的时候，你所获取的信息与你当下的身心状态将一起被储存进记忆中。然后，随着这种状态被重新体验，你也可能需要重新学习——最初学习时的情绪和身体感受的记忆。这种联系被称为“状态依存学习”。

举个例子。实验人员找来一群心理学专业的大四学生，让他们喝得醉醺醺的（无疑是一种状态），然后教了他们一道数学题，其中涉及一个解题技巧。除非使用这一技巧，否则无法解开这道题。实验人员与这群喝醉的学生一起练习，直到每个学生都能完美地做出这道题，才让他们回去，并示意他们三天后再来。

三天后，学生们在清醒的状态下被要求解开这道题。然而，没有人能做到。于是，实验人员又让学生们喝醉了——出乎意料的是，他们每个人都能完美地解开这道题！这是一个关于状态依存学习的生动例子。解题技巧与醉酒状态一起被存储在记忆中，只有当状态再现才能被提取出来。

创伤性记忆

状态依存学习有助于解释创伤性记忆。创伤性事件的储存方式与日常记忆不同：它被交叉储存于身体记忆和情绪记忆中。气味、声音、感受、身体体验和情感体验都将创伤性记忆与人的其他记忆联系起来。

创伤受害者后来一旦接触到其中一个元素，就会突然唤起创伤性记忆。如果这个人不幸又遭受了一次创伤，他储存的所有创伤性记忆会瞬间翻涌而出。这是创伤后应激障碍（PTSD）的组成部分之一，也是它如此难以治疗的原因之一。所有类似的感觉都会打开通往创伤的记忆之门。

由于创伤性记忆的存储方式特殊，当事人不一定每天都会体验它。但它只要出现，不仅会令人感到恐惧和不知所措，还让人觉得如此陌生，因而具有威胁性。它也可能与当事人此时此刻所经历的事情完全无关。

讲个案例吧。多丽丝觉得自己在与丈夫巴尼的关系中受到了伤害。她是明尼苏达州人，三月暴风雪来袭的那天，她在赶赴会议的路上出了一场车祸。出事后三个星期，她出现了创伤后应激障碍，而且症状越来越严重，几乎难以忍受。她时常被噩梦惊醒，不断经历创伤性经历的闪回，出现强烈的身体反应，总是莫名其妙地啜泣和愤怒。她不敢离开家，不敢开车，怕黑，还深感抑郁。她告诉我，自杀是她能想到的摆脱所有痛苦的唯一方法。

车祸进入了创伤轨道，打开了所有旧的创伤性记忆，以一种混乱和无法抗拒的方式把它们混杂在一起。她开始回忆小时候被性侵的事，还有曾经遭受过的身体虐待以及一次被抢劫的经历。

我们无法一次只解决一个问题，只能被迫把一切都扔进情绪的烧水壶里，转而着手处理表面上沸腾的问题。与此同时，多丽丝不再觉得自己的世界是安全的，深陷在受害者的感受中，被蜂拥而至的记忆和情感不停折磨。对于这种高压的情绪状态，多丽丝的第一反应是封闭自我。她试图找到某种方法，来控制这场失控的情绪洪流。这对有过多次创伤经历的人来说并不罕见。

倘若一个人从创伤性记忆中走出，这些记忆似乎仍留在创伤通道里——这是从远古时代就形成的安全机制。但渐渐地，这些创伤所带来的情感冲击力看起来弱了很多。更妙的是，它们似乎也融入了非创伤性记忆，成了个人生活的一部分。那些“修通”创伤的人能够一遍又一遍地谈论创伤经历，而不会再受创伤或感到害怕。将创伤性记忆常态化为日常记忆，就是创伤后应激障碍治疗的意义所在。比起从创伤性经历中突然涌现的强烈回忆，你每天都能见到的事情往往不那么可怕，也没那么失控。

如果一个人的情感无能是源于过去的创伤，那作为建立情感联结的一部分，需要先创设一个安全的环境来修复创伤。

情绪与身体的联结

对于正在学习觉知自身感受的人来说，情绪与身体的联结是一项重要的能力。情感无能的人失去了身体情感和心灵情感之间的联系。心灵情感就在那里，但被掩埋或隐藏了，而身体可以帮助你与情绪建立联结。当你产生一种身体感受时，停下来，感知大脑和身体联结以外的部分，也就是情绪。问问你自己："我的身体有什么感觉？我的情绪有什么感觉？"

起初，这个过程可能让人觉得尴尬又漫长。因为评估身体各部分的感受以及这些感受可能意味着什么需要时间，所以慢慢来，不要着急。花些时间去体验你的身体感受，然后评估它，把它与情绪联结起来。

还记得那个例子吗——一个人在一幢漆黑、陌生的房子里游荡，手电筒没电了。想象一下你就在那里。

- 你的身体有什么感觉？
- 感觉有多强烈？
- 感觉持续多久？
- 哪种反应持续时间最长？
- 你感觉到了哪种基本情绪？

这属于恐惧的范畴。现在，你已经发展出一个有关恐惧的模板。你对身体反应及其感知方式有了清晰的认识。你已经将这一认识与你在特定情况下感受到的情绪联系在一起。当再次遇到让你心跳加速、呼吸变快、膝盖颤抖的事时，你的记忆库里就会有一个模板，可以供你进行比较。

这可以帮助你识别什么是爱，什么是恐惧！这就是你的大脑发挥作用的地方。如果你能感受这一切，那当你和心仪的对象在一个浪漫的地方约会，你会觉得这是爱；当你在冰面上径直朝一棵巨大的橡树滑去，你可以确定这是恐惧。

与他人联结

联结身心情感的能力，是与他人联结的一个重要部分。如果你不能准确地评估自己的情绪状态，并理解这些情绪对你意味着什么，你也就无法理解另一个人的感受。

当你能够理解和评估自己的感受时，别人的情绪对你来说会变得更加清晰，并会引导你给予伴侣或他人一种尊重、有爱的回应。

培养价值观和信念

建立内部反馈系统的第二个关键，是要明晰自己的价值观和信念。

- 你相信什么？
- 你的价值观是什么？

价值观是我们所持有的、指导我们行动的信念。例如，我的部分价值体系是以诚待人。为了响应它，在与他人交谈时，我一向坦诚相待，以一种清晰而非欺骗的方式传达信息。这种价值观还包括真实地表达自己对他人的感受。

人们所持有的价值观还包括：家庭团结、社会关系良好、经济道德（如按时还款、不损害他人的经济利益）、做好父母、做好爱人、信守承诺、守时等。

一个人的价值观来自他过去的经验，且具有相对的持久性。

然而，如果你在青春期未能确立价值观，你可能会以一个有限的内在道德准则来判断自己或他人的行为。在这种情况下，你所能做的就是根据周围人的反应来行事。如果你和价值观积极向上的人在一起，这种被动反应是可以的。但如果你和价值观消极或不明确的人在一起，你将缺少可靠的参照系。

这里的双重困境是，如果价值观不明确，你可能无法判断别人的价值观和信念是否积极。正是因为这个，青少年时常会陷入一段紧张、消极的关系中。这不仅仅是因为他们选错了人，而是他们很难判断哪些人是积极的、哪些人是消极的。他们更倾向于对外部线索做出反应，因为其自身的价值体系还在形成中。

就像情感虽存在于情感无能的人身上，却无法被触及或被承认一样，情感无能的人也往往看不见价值体系的存在，因为多年来，他们已经习惯了像变色龙一样适应环境。这可以用外控点来解释：如果你总是向外寻找反馈，你就会非常擅长适应你认为需要适应的东西。你不擅长的是确定你在情感定位框架中的位置与信念。

价值观就在你我身边。你已经从家庭、学校或社区那里习得了价值观。现在，你只需要去识别它们。这里有一个练习可以帮你。

价值观识别

1. 把一张纸分成八栏。每栏以下列类别作为标题：

   家庭

社区

业务

精神

学校

邻里

国家

少数民族聚居区

2. 在每项类别中，尽可能多地列出你所相信的价值观。你可能会花几天或几周的时间来思考你相信什么。
3. 检查所列的每一个信念，判断你的行为在多大程度上受这些价值观和信念驱动，从 1 到 10 给自己打分（1 表示“完全没有”，10 表示“总是”）。然后把每一项的分数加起来，再除以 8。得出的结果越接近 10 分，你就越清楚自己的价值观和信念，也就越能坚守它。
4. 思考一下那些低于 8 分的价值观，如果你没有像那样生活，为什么会选择相信它！

建立信任

一旦你知道自己相信什么，并让你的行为受它驱动，你将能更透彻地敞开心扉，悦纳自己和他人。你的情感是始终如一的，而不是像变色龙一样不可捉摸。这种改变会让别人更容易信任你。良好的情感关系建立在信任之上。

信任和被信任的能力，是发展内部反馈系统的一个重要部分。

许多情感无能的人在早年都有过被辜负的经历，要么被欺凌，要么在情感中被抛弃，要么是其他创伤。从那一刻起，情感无能的人给自己下达了不要相信任何人的命令，不让任何人进入内心，以为这样就不会再被背叛。不幸的是，它似乎导致了完全相反的效果。比起保护自己免受伤害，这些障碍更像是孤立自己，为背叛和抛弃大开方便之门。

学习如何建立信任，似乎是一项困难的任务，但其实是一个相当简单的过程。你可以先从小目标开始尝试。选择一个人，设定一个你通常会撤回信任的情境，然后做出相反的举动。刚开始，你会很难受，但你可以通过把感受告诉对方来缓解不适："我不喜欢信任，但在这种情况下，我想在你的帮助下学习信任。"大多数人会理解你的感受，并与你一起合作。随着你的信任得到回应，你会发现自己在新的情况下更容易信任别人。这与你创造情绪记忆的基本过程是一样的。如果你不幸在信任某人的过程中遭受背叛，试着鼓起勇气再试一次。

学习信任的过程之一，就是学习如何判断一个人是否值得信任，这有时需要练习，尤其是当你长期与自己和他人隔绝时。

信任的另一面是让自己值得信任。可信度的发展源于可预测的情感。为了信任他人，我们必须能够准确预测他们的行为和反应，以及他们在情感中的自我定位。

如果你信任某人，作为回报，你也必须值得信任。否则，你就是在剥夺别人的权力，给对方造成负担。为了表现出情感上的可信度，你必须愿意承担风险，并向对方敞开心扉。这样你们双方便能建立起信任。好的一面是，你也开始信任自己，相信自己对别人的判断能力。

凯蒂和苏茜是同事，在新经理上任前，两人之间的友谊已经维系一年了。由于新经理总是对公司里的年轻女下属进行人身攻击，两人的关系因此变得更加紧密，还成了室友。

她俩在童年时期都受过伤害，所以都很珍惜这段来之不易的友谊。随着时间的推移，苏茜订婚了，并想搬去和未婚夫一起住。凯蒂很崩溃，因为她将这看作友谊的终结。谈到这个问题时，两位女士都泪流不止。苏茜既想维系和凯蒂的友谊，又想搬去和未婚夫一起住。她希望凯蒂一切顺利，又担心以后再也见不到对方，因为她们都从那个爱人身攻击的老板那里辞职了，并在不同的城镇找了新工作。

我们需要学会信任别人。我鼓励她们拟个日程表，定期一起做一些事。日程表可以帮助她们构建可预见性。她们还约定了打电话的时间，并相约每个月聚餐一次。凯蒂和苏茜都必须愿意承担风险，在情感上信任对方，而且要表现出坚定的态度。换句话说，两位女士都必须既交付信任，还要勇于承担情感风险，做好自己可能被对方抛弃或拒绝的心理准备。这对朋友认识到，情感上的亲密来自愿意接受伤害或拒绝的意愿。这对她俩来说都是宝贵的一课，因为她们学会如何借助信任来发展自己的内部反馈系统。

可能这是一句废话，但我补充一点：有些人会很乐意背叛你。在这个鱼龙混杂的社会里，我们会遇到形形色色的人，有的人值得信任，有的人不值得信任。然而，学会信任自我，会让你在交往中更好地选择值得信任的人，并预测和远离不值得信任的人。

这需要时间和承担风险的意愿。请记住这句话：“没有改变也会有混乱，但没有混乱就不会有改变！”混乱和改变确实让人不舒服，但话说回来，孤独、孤立和难过也让人很不舒服！

要想建立内部反馈系统，还必须有共情力——能够感受别人的感受。共情力和同理心本质上是一个概念。它们是你与自己的情绪相关联并努力理解他人感受的产物。为了达成共情，你不仅要理解他人的感受，还要全心接纳这些感受，这样你才能亲身体验它们。

它并不像听起来那么难。我第一次与杰森见面，就在调解他与父母之间不断升级的争端，那时他 15 岁。杰森似乎无法关注自身之外的世界，看不到他人的需要和想法，尤其是家人。他大吼大叫、咄咄逼人地提出要求，对每个人——父母、老师、商店里的成年人，还有我——都表现得像个浑蛋。

我们付出极大的努力治疗，但面对每一个行为问题，杰森都固执己见，拒绝理解父母的立场，也不愿以任何方式与他们共情。例如，杰森想让父母同意自己和朋友们玩到半夜，可这不仅不切实际，而且有潜在的危险。但杰森说他不在乎，他就想在外面玩，玩到他想回家为止。我们动之以情，晓之以理。杰森最终同意，但他离开后，仍旧想待多晚待多晚。他对禁足和其他处罚不屑一顾，对父母随意咒骂，甚至也对我进行了辱骂。这场战斗持续了几个月，每个牵涉其中的人都无比挫败，除了杰森，他一直顽固不化，难以沟通。

我考虑过暂停治疗，因为我们似乎没有取得任何进展。但有一天，杰森突然给我打电话，要求单独来一场特别的面谈。一见面，他就给了我一个热情的拥抱——这很不寻常。然后，他含泪告诉我，他对父母、兄弟姐妹、老师，尤其是对我，是多么的浑蛋。我对此持怀疑态度，无法相信这种陡然巨变，但我支持他向父母、兄弟姐妹和老师表示歉意。

在接下来的几个月，杰森一次又一次地展示出识别和理解他人情绪的能力。他仍然会有不成熟的表现，但当他母亲因此心烦时，他能够与她积极沟通，很明显，他对别人的情感越来越感同身受。他感到不舒服，不是因为他面临的处境，而是因为他过去的行为选择以及由此招致的痛苦。

终于有一天，我问他为什么变得对人更共情。他告诉我，是我讲的“变形虫的故事”。我不得不检索自己的大脑，随后想起我曾对他说过，要想用心理解母亲的感受，他需要成为一只“情感变形虫”，扩展自己，去包容他人的观点和感受。我告诉他，除非他能做到这一点，否则他永远不会成为一个完整的人。显然，这一独特的形象足够生动，足以改变杰森的一生。

培养同理心

一个人要想培养同理心，需要用心接触另一个人，全新接纳对方的情绪状态，并站在对方的立场上提供支持。不要混淆同理心和同情心。

- 有同情心的人则会说：“我完全明白你的感受，这事就交给我吧，我会努力让一切都好起来。”
- 同理心是在良好的界限内进行情感接触。有同理心的人会说：“我知道悲伤是什么感觉，如果有什么我可以为你做的，请一定告诉我。”
- 同情心会夺走他人的权力，并将其交给施舍同情的人。
- 同理心让双方保有自己的权力和选择，一切由自己做主。
- 同情心是一种理性的体验。
- 同理心是一种感性的体验。

- 同情心是外在的。
- 同理心是内在的。

那怎么感知别人的感受呢？显然，这将不同于读取自己的情绪线索，因为没有内在过程（身体感受）可以依赖。当你想了解别人的感受时，可以通过视觉线索、经验和认真倾听。

视觉线索

视觉线索与肢体语言有关。肢体语言分析是1970年开始流行的一种心理学运动，它将人们的注意力集中在仔细观察他人上。你可以从一个人站／坐的姿势——放松、紧张、倾听时身体前倾或双臂交叉、双腿交叉叠起，以及脸上的表情和说话的语调得到对这个人的总体印象。

肢体语言是解读一个人情感的重要方式。相处时间越长，你就越能识别对方的信号。你也可以更准确地解读它们，前提是你的伴侣不是情感无能。

我们经常误读伴侣的肢体语言，因为没有与其建立情感上的联结，也没有就情感问题与其沟通。彼此缺少联结和沟通，也就缺少经验基础来得出结论。

预期模板

经验与视觉线索密切相关。经验有时会让我们掉入一个陷阱：预判他人的行为，期待他人以特定的方式做出反应。

你是否曾为期待老板、伴侣或父母的某种情感反馈而做好万全准备，却被完全出乎意料的结果弄得措手不及？你做好了战斗的准备，却得到了对方的配合。然后你会想，是你错过了什么，还是这个人只是在耍你。在任何一种情况下，你的期待都会导致自我怀疑。

不掺杂预判和任何期待的经验，是解读他人情绪的一个非常有用的工具。你在记忆中储存的有关对方的信息越多，就越有可能根据你的既有经验来理解对方的感受。

如果每个人都是一个完美的倾听者，那就太好了。沟通问题将几乎消失不见。然而，大多数人都不是完美的倾听者。无论是内部事物还是外部事物，都会分散我们的注意力。电视、音响、交通、促销、孩子、形形色色的人，还有自身的想法，都妨碍我们认真倾听。

最近有一些关于人类视觉系统的有趣研究。研究人员发现，眼睛没有足够的神经感受器来感知我们眼中所见的细节。他们提出了一个理论，即大脑会创建一个预期模板——一种类似于“数字填色”的心智模板——而我们实际见到的只是填充了细节的模板。你可以把这个理论应用到情绪上。当你习惯了某人的情绪模式，你就会形成一个预期的情绪模板，并以此为基础来行事。

如果你只凭自己的经验妄加判断，不能准确解读视觉线索，并在预期模板外行事，可想而知，会导致对情绪信号的潜在误读。你要学会从不同的角度观察，预留一个模板，并将注意力放在对方的话语内容（伴侣在说什么）及表达意图（内容的情感负荷）上。

这三者的结合是理解他人感受的关键。你能否成功，取决于你对沟通对象有多了解，你有多少经验，你是否认真倾听对方讲话，以及你自身的情感过滤器有多灵敏。当你更能意识到某人的情感来源，你也会更加理解对方的感受。

总之，建立内部反馈系统有四个步骤：

1. 首先，你必须学会识别情绪和身体上的感受，并将两者结合起来。
2. 其次，你必须知道指引你生活的价值体系和信念，行为必须能够反映信念。
3. 再次，你必须学会信任他人，还要学会让人信赖。
4. 最后，你必须学会与他人共情。

通过培养这些个人技巧，你将建立起一个内部反馈系统，这样就无须依赖他人来获悉自己的感受，以及知道该如何回应他人的感受。

制定目标

具备爱的能力的人都有一个共同点，就是拥有指引个人前行的生活目标。大多数情感无能者倾向于被动地面对生活，没有清晰、长远的计划。

我们之前讨论过人际关系中的目标制定过程。那些步骤也适用于个人目标的制定。短期目标、中期目标和长期目标可以与个人成就有关，也可以与人际关系有关，两者并不冲突。

注意，我不是在谈论模糊的意图或愿望，比如“我想变有钱”“我想当总统”。对大多数人来说，这些只是幻想。长期沉浸在幻想的世界里，会导致情感上的空虚，因为它使你与现实生活脱节。你与你的情绪也会失去联结。然而，切实可行的目标可以帮助你与他人建立联结，因为这需要你对自己的想法和感受进行内部反馈分析。如果你无法认清自己是谁，就很难决定要去哪里。

在人际交往中，情感无能的人往往无法做出承诺，因为不清楚生活会将把他们带往何方。

制定目标时需要自我反思，即便对短期目标也是如此。当一个人对目标深思熟虑，认真探究实现目标的方法、途径和期限，就实现了对目标的承诺。

制定目标却缺少承诺的一个绝佳例子，就是每年的新年目标。每年新年伊始，人们都会为自己立下宏大的目标，但通常缺少行动计划或时间安排，也没有太多的承诺。

当你制定目标时，仔细斟酌一下，问问自己真正想要的是什么。它可能与个人成长有关，如减肥、戒烟、塑形；也可能与人际关系有关，如更好的沟通、更亲密的关系；它还可能是经济、教育、职业或其他类型的目标。

制定切实可行的目标

诀窍是与自己订立一份契约，在适当的时间内完成力所能及的事。最重要的是，目标要切实可行。

需要考虑的因素包括：自身的天赋和能力，这将帮助你到达想要去的地方；经济成本和心理成本；成果实现的可行性；该目标将如何改善或丰富你的生活。

制定行动计划

在你确定目标后，下一步就是制定实现目标的行动计划。这时候，体系就派上了用场。有明确目标和行动计划的人最有可能成功。因为计划是你实现目标的基础，计划决定了体系。

例如，你决定完成大学学位。你打电话给学校，得知你休学时，离拿到学位证还差6门课程，其中一门是你选修的专业课。完成学位这一决定是一个中长期目标。你知道自己无法一下子达到毕业要求，所以计划的第一步是评估你有多少时间可用来上学和学习、修完这些课程需要花费多少钱，以及预计何时毕业。

在你弄清楚这些问题后，你就可以构建一个总体计划，包括时间、进度、财务预算和预期结果。现在，体系已经有了，你可以将各个部分的目标放上去，直到实现它们。

创建体系

体系，是一个人的行动框架，有助于推动一个人的生活。正是它的这种指导性和结构性，为人们行事提供了情感基石。它也给人一种明确的安全感和舒适感，因为它让世界看起来更容易预测。

如果你在自己的世界里很有安全感——你觉得很安心，你能够控制和预测周围将发生什么，你知道自己是谁，你很清楚自己的信念和价值观，你知道自己要去哪里，你有明确而积极的目标，那么，让情感变细腻并向他人敞开心扉，就不是那么困难了。制定目标和计划可能看起来既艰巨又复杂，但要记住，简单即核心。

下面哪项看起来更复杂?

1. 必须时刻保持警惕，观察周围世界的一举一动和每一丝变化，武装自己以抵御任何威胁，无论是真实的还是想象的，保护自己免受来自各方的伤害。
2. 接纳这个世界，因为你清楚自己是谁，你相信什么，你要去哪里。

显然，第二个是更好的选择，这就是情感联结和敞开心扉的意义所在。

卸下旧包袱：依恋、虐待、抛弃

人情感无能是有原因的，或者在当时看来，理由似乎还很充分。通常情况下，选择退缩不是一下子就决定的，而是你的信任遭到重要之人的一再背叛逐渐导致的。任何形式的虐待、抛弃和依恋问题，都可能导致一个人在情感中退缩。一开始起保护作用的心理机制变成一种破坏性习惯，并持续存在下去，因为一个习惯性退缩的人，无法与自己和他人建立联结。而一个无法建立联结的人将继续被抛弃，继续被孤立。

当人们致力于找回他们的情感性自我时，他们找到的不仅是被丢进灰色地带的美好感觉，还有那些导致他们最初退缩的不舒服之感。对许多人来说，那一刻的本能反应是掉头就跑，跑回原本的安全地带，也就是继续麻木下去。

不幸的是，他们在那里得到的不再是庇护，而是进一步的不适。美国著名法学家奥利弗·温德尔·霍姆斯说得好："人的思想，一旦因为一个新思想而拓展，就再也不会缩回到从前的维度。"

如果你的思想已经达到一个新层次——体验到情感性自我，并与生活相联结——再次回到麻木的状态是不舒服的，也是很困难的。一旦走上与人联结的道路，你还不如继续前进。如果无论如何都会觉得不舒服，你不妨为此设定一些奖励。

如果你曾被虐待、抛弃或孤立，可以通过治疗师的帮助来治愈。

治疗的进展往往出人意料地快——不像过去的精神分析那样，需要每天在沙发上躺上一小时，而且容易拖个好几年。随着以解决问题为中心的疗法的出现，以及心理治疗周期的有效缩短，治疗师已经和来访者组成问题解决型团队，致力于与来访者一起合作，帮助他们以更舒适、更有效的方式体验自己的生活。

如果你选择与治疗师建立伙伴关系，找到一名治疗师，并知道自己想要做什么，是治愈的关键。在下一节中，我将给出一些建议，关于如何寻找和评估一名治疗师，以及如何专注于治愈自己，以便你能从这些经验中得到你想要的。

选择心理治疗师，充分利用心理治疗

心理治疗一直备受误解。它是许多冷笑话的讽刺对象，也是很多电视剧和电影的创作素材。当人们走进我的诊室，我常常对他们的想法感到诧异。所以，我先花几分钟来告诉你，什么是心理治疗，如何寻找一名治疗师，以及你该从心理治疗中期待什么。

人们可以通过许多方式找到一名治疗师。通过曾经接受过心理治疗的朋友的推荐，是一个相当靠谱的方法。如果直接告诉朋友是你想找治疗师，会让你觉得不舒服，你可以使用“我有一个朋友……”这样的技巧。你也可以咨询医生，对于熟悉且信任的治疗师，他们一般都有工作上的往来。

还有一些治疗师选择以社区为基础，在各个社区开展低价或免费接诊。有时，这类治疗师或者是为了获得执业资格而积累工时，或者是接受督导的实习生。他们通常有份候诊名单，会按顺序安排看诊，除非你正处于危机之中。他们的收费很低，对面诊次数也没什么限制。

与一名治疗师建立联结有点儿像相亲。有时候你第一次就遇到对的人，有时候需要多尝试几次。要确保和这个人在一起，你感到很舒服。你会觉得，这个治疗师能带你进入一个安全的环境中，在那里，你可以畅所欲言，无论多困难的话题，你都不会感到自己被评判、被忽略或被漠视。

但这并不意味着，治疗师必须是温暖、没有距离感的。许多治疗师并非如此。他们大多是保守的，有着非常严格的界限，特别是当他们刚开始了解你的时候。治疗关系不同于朋友关系，治疗师也不是你的朋友，你应该警惕那些想要成为你朋友的治疗师。为了保证治疗效果，治疗师需要与来访者保持距离。但是，治疗师与你之间的距离并不意味着冷漠。如果没有这个距离，你的付费就得不到相应的价值——相反，你得到的是一个非常昂贵、总爱给你提建议的“朋友”。

一般情况下，治疗师不会给出建议。像朋友、律师、医生、护士、设计师、理发师和出租车司机等，都会给人提建议，因此，专业顾问的领域相当拥挤。一个好的治疗师会创设一个环境，让你能够给自己提建议、做决定。毕竟，还有谁比你更懂自己呢？你需要找到一位行事风格与你互补的治疗师。

方便与否是另一个考虑因素。因为治疗师要进行时间安排。如果你无法从工作中抽出时间，只能预约晚上或周末的面诊，要确保你想找的治疗师有时间。

在治疗过程中，你会对治疗师产生一种信任感，随着信任感的增长，治愈已经完成一大半了。你的治疗师不仅会听你说什么，还会听你怎么说，然后给你反馈，或要求你澄清或直面你的想法，以帮助你用不同的方式看待世界。治疗师也会教你人际交往技巧。随着治疗的深入，你获得了新的工具来完成你需要做的事情，你在和这个世界相处的时候，会觉得更舒服，毕竟，这就是你的真实想法。

澄清心理治疗的误区

- 心理治疗不是魔法。它需要来访者和治疗师的共同努力。改变是通力合作的结果。
- 心理治疗不能解决人，因为人不是问题。
- 心理治疗不是改变人的本质，而是改变他们与别人互动的方式。
- 心理治疗不是责备、评判、羞辱或贬低。如果你从治疗师那里体验到这些，立即找他对质。羞辱、责备、评判和虐待都无关乎治疗!

心理治疗是困难的。它需要一个承诺，还有很多努力。它还需要笑与泪、走心的交谈，以及学习新工具的意愿。它可能是你一生中做过的最困难、最刺激的事之一，但是，我强烈推荐它。

重要的是记住，你无法让时光倒流，也无法简单地抹去你过去的痕迹。这是那些习惯掩埋或积压心事的人的处世风格。发生在你身上的每件事——好的、坏的、无关紧要的——都对你成为独一无二的自己具有重要意义。我相信，即使是最可怕的遭遇，也是生活赐予的一份礼物，它以最深刻的教训，帮助我们过上更好、更充实的生活。

受害者和幸存者

有些人有过一段糟糕的经历，他们任由自己一辈子受困于那段经历，让它定义自己，塑造自己的生活方式。从某种意义上说，这意味着他们生活中的一切都可以归结为一次经历。

我的信念是，每当有一些坏事发生，就会有一些好事发生。我们有责任从那些糟糕的经历中找到好的一面——寻求能帮助我们跳出受害者角色的教训。这是受害者和幸存者之间的本质区别。受害者活在受害的那一刻，并以此定义其他的一切。幸存者承认这一糟糕的经历，并通过反省自己、吸取教训来永远铭记它。

正是美好和苦难赋予我们生活的质感，让我们更有同理心，更能与人共情，更有力量承受未来可能遭遇的一切。

培养自尊心

那些不与人联结的人，往往会认为自己不值得别人来与自己联结。这种自我价值感的缺失也可以被定义为低自尊。你可能会说："真是疯了！我交往的那些情感无能的人全是极端利己主义者，他们凡事都以自我为中心。"你会惊讶地发现，这种自私的行为也是低自尊的一种表现。越是自卑的人，越爱吹嘘自己、自以为是，以此建立自己的自尊。

其他低自尊的信号有：酗酒、对安慰或回应的持续需求、经常发表自我贬低的言论、滥交、外控倾向，以及其他以外部为导向的行为，包括暴力。潜在信息是："我不够好，我配不上你，所以我要把你推开，这样你就不会知道我的脆弱，尽管我非常需要你的爱。"

低自尊源于一个人认为自己不够好。这种信念最初来自父母、老师或其他重要之人的期待，他们可能会说这样的话："祝贺你考了全班第一名，但……"很不幸，印入你脑海的是"但"后面的部分，而它往往与支持或鼓励无关。通常，人们记住的是："你可以做得更好""要保证下次不会掉名次""千万别骄傲自满"。我认为，大人说这些话的目的是不想让孩子成为自大狂，但它留给孩子的是持续一生的低自尊！

作为父母或其他与孩子互动的人，在给予赞美或鼓励时，可以跳过"但"的部分，避免孩子形成低自尊人格。让赞美脱颖而出："山姆，你真是个好孩子！"如果你想纠正他的行为，一定要另起一句或选择其他时间。你可以说："山姆，你是个好孩子。我真的很爱你，我很高兴你是我的孩子。当我们在店里的时候，我希望你能小点儿声。"在此过程中，山姆不会接收到这样的信号：他对你来说还不够好。因此，他的自尊心不会受损。

如果要进行大幅纠正，你可以说："山姆，我爱你。然而，你在商店里的行为是需要改正的。不改的后果是……"通过这种方式，山姆得到了一个明确的信息：有问题的是他的行为，不是他这个人。要记住，这样就不会否定一个人的一切。

正视负面的自我对话

成年人可以通过努力消除脑海里的负面信息来走出低自尊，诸如"我总是学不会 _____""我不够聪明，无法 _____""我不擅长

———”。这些负面信息渗透在成年后的意识中。它们一出现在你的脑海里，你就知道了。因为当你听到那些念头，就会发觉自己仍是当初那个默默承受负面信息的小孩。

每当你的大脑开始冒出负面信息，你要立即反驳它。人们时常忘记自己的思想由自己主宰。你不必去想任何你不愿想的事。因此，如果一个不受欢迎的想法进入你的意识层面，要积极地把它赶出去。你可以大声说出来，也可以在心里说，不要让负面想法停留在脑海里，哪怕是一瞬间，因为它们很顽强，而且不幸的是，其中还含有熟悉的信息。它们会在没有任何刺激的情况下，像野草一样生根、疯长。

承认你的才能和天赋

另一个建立自尊的方法是列出你的才能和天赋，并坦然承认它们是有所助益的，不管是对你的生活，还是对你接触过的其他人的生活。

了解自己的长处，不同于以自我为中心。相反，它会强化你的天赋和才能，帮助你产生健康、良好的自我感觉。

学会独处

学会如何独处也很重要。内心有安全感的人喜欢独处。

要想学会舒适地独处，练习方式之一是独自外出就餐，就像和自己来场约会一样。选择一家不错的餐厅，盛装打扮，喝杯小酒（如果你喜欢的话），点一些你爱吃的食物，让你的思想自由驰骋。看看你有多享受独处。你也可以一个人去看电影或体育比赛，与你珍视的自己一起，尽情享受你喜欢做的事情。

学习新事物

学习和知识会给你独立的力量。当获取知识时，你通过理解并尝试新事物来获取个人力量。

与积极的人交往

如果你周围都是消极、喜欢挑刺的人，你就会变得消极、喜欢挑刺。反之，如果你常与积极乐观的人相处，你也会更有乐观精神。乐观精神是良好自尊的一部分。

放开控制

自尊心低、很难与他人联结的人往往需要控制他人，控制自己所处的环境。这是一种满足安全感的方式，也是一种残酷的幻觉。就像我之前说的，想要控制一个人，是不可能的。我们大多数人连自己都很难控制。

一旦你发展出内部反馈系统，并对你的目标和信念有一个清晰的愿景，你会发现，你对他人的控制欲渐渐消失了。你学会专注自己，能够控制自己的心，和自己产生联结。尊重他人的自主性，会让你感到更安全。

放开控制他人的需要，会使你增加正能量，提升你的自尊心，让你在自己的世界里感觉更舒服，最重要的是，有助于与他人建立亲密的情感联结。

治愈、成长和改变是一辈子的事。我们每天都会从自己和他人身上汲取教训。这些教训可能并不总是我们期待的，但如果本着一颗包容开放的心，我们会从每一次经历中学习。改变的过程是令人兴奋的，你不仅可以学着庆祝改变，也可以学着庆祝带来改变的过程。

第二十章

远离垃圾人，继续自己的路

人与人之间都有一定的情感距离。这是一种纯粹的自然反应，可以保护我们在情感上不受未知的人和情境或已知的危险人物的伤害。但情感无能的人与他人保持的情感距离，超出了正常的变动范围。

情感无能有轻重之分：从有点儿疏远到完全不联结。你可以通过第十七章结尾的测验确定自己的情绪状态。

许多情感无能的人能够改变与自己联结的方式。人只有通过与自己产生联结，才能学会与他人建立联结。在前面的章节中，我们花了大部分时间，来研究那些能够并愿意做出改变的情感无能者，以及那些选择与他们建立关系的人。在这个群体之外，还有一小部分人极具危险性，与他们身上的问题相比，情感无能只不过是小毛病。这些人是彻头彻尾的问题集合体，对任何与之接触的人的身心安全都构成威胁。

我说的并不是一般的情绪不稳定的人，他们只是在某些时刻不愿意解决问题。事实上，有毒的人不择手段，为了得到自己想要的东西而操纵别人。因此，应该给他们贴上警示标签，以识别其危险性和病态人格！

人格障碍

我来澄清一下“人格障碍”这个术语。人格特质是构成一个人人格的要素之一，它会随着时间的推移而保持相对一致，并融入这个人与世界的相处方式中。说话直率就是一个特质。直率的人也不太可能会改变，但这种特质通常不会妨碍一个人的人际关系。认识他的人都知道他一贯直来直往。因此，他们要么接受，要么疏远。人格特质并不会阻碍一个人拥有完整、亲密的生活。但是，当人格特质成为人际交往中的障碍时，心理学界称之为“人格障碍”。

人格障碍分为对他人有严重负面影响的行为，以及对自我有严重负面影响的行为。显然，那些影响他人的人格障碍正是我们目前所关心的。它们包括：

- 自恋型人格障碍。这类人认为世界围着自己转。他们往往控制欲强、冷漠、疏远，为了自己的快乐或目的而随意利用别人，凡事只顾自己，从不考虑别人的感受。
- 表演型人格障碍。这类人习惯小题大做。他们的情绪跨度非常大，以至于别人永远无法知道一件小事会被他们夸大到什么程度。这种过分戏剧化的行为会让别人离开他们。
- 依赖型人格障碍。这类人没有别人的支持就无法生活。他们就像魔术贴一样，惶惶不安地黏着另一半，不愿也不能做出独立的决定或行动。

- 边缘型人格障碍。这类人极度害怕被抛弃，会操纵和纠缠别人，以避免这种情况发生。如果他们得不到自己想要的东西，就会产生报复心理，还会不顾一切地与爱的对象保持联系。他们对自己的看法极不稳定，且经常从事极具破坏性的活动——疯狂消费、滥交、具有各种成瘾行为、有自杀企图或自残行为——目的是让另一半也参与进来，混乱是他们知道的唯一与他人联结的方式。
- 反社会人格障碍。此类人多是罪犯，或经常伤害他人。85%的监狱服刑人员患有反社会人格障碍。这些人是最冷酷的犯罪者，他们物化和伤害身边的每一个人。他们与自身情感的距离，就像冥王星距太阳那么遥远。他们很少有兴趣与任何人建立情感联结，虽然他们可能有伴侣，但这不是爱情，而是虐待—受害关系。
- 极端反社会人格障碍是一个不再被使用的术语——现在被分为反社会人格障碍和自恋型人格障碍——但我认为它应该被重新使用，因为极端反社会的人没有人性和灵魂，他们像对待物品一样对待他人，并残酷剥削他人，破坏他人的生活，毁掉他人的人生。总的来说，极端反社会者比一般的反社会者更善于社交。这让他们能够对受害者产生更大的影响，因为他们看起来像在积极建立联结。他们是终极操纵者，绝对是最危险的人。

在普通人群中，只有一小部分人被诊断患有人格障碍，所以遇到一个人格特质有问题的人是较为少有的。如果你真的遇到这类人，要意识到，人格障碍是其持久特征，不太可能发生改变。无论多么努力、多么执着，你都无法改变一个人的本性。但问题在于，改变一个人的诱惑力太大了，你可能忍不住想试试。

我还要强调，每个人身上或多或少都有点儿人格障碍的特质。这些特质赋予人一种独特的质感。然而，当这些特质严重到成为人格障碍，这一质感也就变得粗糙不堪。这种粗糙会导致情感封闭，带走任何积极改变的潜力。

在与有人格障碍的人打交道时，你必须记住：你没有对不起他们，你不需要弥补他们。

真正有毒的

现在，我们来看看那些应该被贴上警示标签的人。我列举了一些案例，以便你想象他们在现实生活中的样子。

最毒的人：骗子、罪犯和连环杀手

20 世纪 70 年代，泰德 · 邦迪轰动了整个美国，原因有很多：他是一个被活捉的连环杀手，他在全国范围内疯狂猎杀年轻女子，他非常聪明，而且模样看起来还很正常。

对我来说，泰德 · 邦迪打消了我对有毒之人的天真念头。在此之前，我一直认为“怪物”应该长得像怪物——就像电影里那样。但这个“怪物”看起来就像我曾约会过的人！我当年对这一案件无比震惊，也感激它给我的教训。现在，我不太可能根据一个人的外表来对其做出判断。

泰德·邦迪代表着最极端的有毒人群——那些完全没有人性的反社会者。我们可以把其他恶名昭著的反社会者归入这一类，他们的名字就是邪恶的代名词，他们目中无“人”，把人当成物体。我们虽然不太可能遇到一个连环杀手，但很有可能遇到冷漠、疏远的操纵者。

分享一个案例。康妮来接受心理治疗，是因为她与三个青春期的孩子，以及结婚三年的丈夫麦克斯的关系出了问题。康妮不仅聪明，还受过良好的大学教育。她确信问题出在自己身上，因为她一直无法让孩子和丈夫互相礼让。麦克斯曾告诉她，她需要寻求帮助，因为她才是问题所在。

康妮想让我告诉她如何做一个更好的妻子和母亲。我们开始研究她和麦克斯及孩子们的关系。她在和特昂离婚后不久认识了麦克斯。特昂是孩子们的父亲，是一个精力充沛的推销员，非常专注于事业。

麦克斯似乎对康妮和孩子们很关心。他主动提出帮她换工作、修理房子，还带孩子们去了很多地方，他们都认为他很了不起。他告诉她，他有过一段悲伤的婚姻，他的前一任妻子死于癌症，以及他对退役后离开空军感到恐惧。康妮爱上了他，于是他们结婚了。

婚后不久，他建议把孩子们送去私立军校，并告诉康妮，孩子们不听管教。他还在离他们住的地方有几百千米远的城镇找了一份工作，但他并没有和康妮商量，就简单地宣布要搬家了。康妮说服了麦克斯不把孩子们送去军校，但对搬家一事却无能为力。她有两个孩子决定和生父住在一起，但有一个孩子随他们搬来了新家。没过多久，这个孩子就和独裁者麦克斯发生了冲突。

麦克斯把康妮管得特别紧，会跟踪她，检查她生活的方方面面。

康妮告诉我，麦克斯已经把她的钱包、邮件和抽屉翻过很多遍，还在电话上装了窃听装置，这样他就能听到她所有的聊天内容。

后来，麦克斯丢了工作，便向她借钱，他非常愿意在借据上签字，并答应支付比银行高得多的利息。在康妮考虑期间，麦克斯不断给她施压，最终，康妮决定信任他，把自己工作攒的大部分钱都给了他，因为从麦克斯的口中，她觉得会从他的投资中获得巨大利润。

麦克斯告诉康妮，他打算和她一起来看心理医生，但每次康妮来，都会带来一个新的借口，说明他为什么不能来。在我们合作期间，康妮开始意识到麦克斯找她借钱的事有蹊跷，于是她质问他打算怎样还钱。麦克斯给出的回答是，他从投资中赚了钱，但市场目前还不适合变现。当她要求看他买的股票时，他表示都在电脑里，可电脑坏了暂时看不了。他还说打算出售他在印第安纳波利斯的一套公寓，这样就能拿到一笔钱，而且，等他已故妻子的遗嘱认证生效后，他又能收到一笔钱。当我问康妮是否相信他的话时，她表示不确定，但她想相信。

康妮每周都会询问麦克斯还款进度，他给出的理由总是很详尽，还很可信。与此同时，他对孩子越来越有攻击性，他们之间发生了几次肢体冲突。康妮不愿意提出离婚，她担心麦克斯报复，而且她料定，如果赶走麦克斯，就永远拿不回那笔钱了。她也害怕和他在一起，因为他是如此难以捉摸，还越来越暴力。她为此痛苦万分。终于，在被打得遍体鳞伤不得不住院后，她再也无法忍受，向法院递交了离婚文件，正式申请和麦克斯离婚。他非常愤怒，跟踪并威胁了她好几个月，但后来还是离开了这个小镇。

由于有麦克斯签署的借据，在听说他在西雅图找到了一份好工作后，康妮鼓起勇气，决定试着收回这笔欠款。在向华盛顿法院递交借据的几个月后，康妮收到来自西雅图联邦法院的一封信。信上说，麦克斯已经申请破产，并向法院提交了材料清单，上面列有她的借款及其他成千上万的债务。

康妮给法院回信，指出他还拥有股票、亡妻的遗产和一套公寓。但法院的回复令她目瞪口呆——麦克斯其实一无所有。此外，他结过八次婚——所有的前妻都活着，而且每一个都试图从他那里收回欠款。

康妮回来接受治疗时，整个人都崩溃了。她很难过，因为她太天真了，以为麦克斯说的就是真相。她不停地说自己是个傻瓜，从来没有看透过他。

我不确定在遇到骗子时，有多少人能迅速识别出来。首先，我们不希望别人那样对待我们。其次，文化教导我们，不应该随意相信他人对我们理应信任之人的负面言论。对大多数人来说，如果对配偶进行背景调查，会显得自己有点儿偏执。

康妮真正学到的可怕教训是：没人能置身事外，也没人能幸免于难。任何人都可能成为受害者。康妮继续努力找回对自己的信任，这是麦克斯从她身上偷走的最重要的东西。

骗子、罪犯和连环杀手不会改变他们与人交往的方式。因为欺骗和偷窃是他们维生的手段，他们相信所有人都是这样对待他人的，而且认为任何不这样做的人都是傻瓜，都应该受到惩罚。

下列几类人也可以被归为高危、有毒人群，如：毒贩子；经常使用暴力解决问题的人；犯罪坐牢的人。

我并不是说所有犯过错误并坐牢的人都是关系中的危险因素。然而，我确实认为，蹲监狱会永远改变一个人看待世界的方式。我希望人们能谨慎地与坐过牢的人相处。

有毒的控制者和挑刺者

另一个有毒群体是那些想要掌控身边人的生活的人。这些有毒的控制者会做任何事情（包括暴力）来维持统治。他们不愿意协商或妥协，如果你想要改变双方之间的不对等关系，就会被当成问题看待。

我记得在访谈节目上看到过一对夫妇，他们就是一个很好的例子。丈夫坚持表示，结婚证上有一项条款表明妻子是他的财产。尽管主持人和观众努力改变他的想法，但他仍然坚信这一点。妻子说，她必须做他要求的任何事情。这位丈夫是一个有毒的控制者。

与有毒的控制者为伍的是有毒的挑刺者。他们总是挑剔伴侣生活的方方面面，而且这些挑剔远远超出正常、适宜的批评范围。这种处处挑刺的目的是控制。被挑刺的受害者开始怀疑自己做出合理决定的能力。受害者的情感变得僵化。然后，挑刺者就可以控制受害者去做什么，以及如何去做。

极度自恋狂

这类人不像一般的以自我为中心的自恋者一样，有时还能与他人建立情感联结。相反，这类人是有害且危险的自恋狂，在他们看来，其他人只是可以随意利用和处置的物品。这些人偷走你的生活，然后告诉你，这还不够好。他们不愿意做出任何改变，只会抛弃建议他们改变的人。

这种自恋是一个无底洞，会将你的一生虚耗殆尽。但还远远不够！不是你不够好，而是你太好、太惊人、太能干了，有毒的自恋狂无法忍受因你导致的自卑感。为了保护他们脆弱的自我，有毒的自恋狂会不断地打击你，让你感到挫败。

然而，与此同时，你从他们那儿得到的反馈永远是你不够好、不够努力、让人失望。有毒的自恋狂往往选择那些以成功为导向、不能忍受自己不够优秀的人为狩猎对象。与自恋狂纠缠不休的结果是，受害者会反复地陷入自我怀疑，因为他在试图达到不可能的要求。

受害者的最终目标是被爱，而有毒的自恋狂传递的信息是“如果你完美无缺，我可能会爱你”。然而，“完美无缺”（一个不可能达成的目标）和“可能”这两个词有很大的操作空间，看似承诺了一切，其实什么实质保证也没有。此外，有毒的自恋狂永远不会定义什么是“完美无缺”，也不会透露他们对你的期望。如果期望和规则真的被说出口，有毒的自恋狂会立即更换。这是一个典型的骗局。

有毒的撒谎精和骗人精

对于这类人而言，人与人之间的交往，以彻头彻尾的谎言、半真半假的说辞和颠倒黑白的事实为基石。他们花了大量的精力编造可信的故事和场景，一旦有人相信，他们就以此为基础编造更多的谎言。总之，他们很少说真话。

奇怪的是，所有谎言的目的都是为了让有毒的撒谎精自我感觉更好。他们想要独树一帜、与众不同。但在这个过程中，他们编造的谎言太多，以至于没有什么可联结的，而他们的伴侣却花费大量的精力去与谎言达成联结。

说个我身边的例子。我的朋友梅丽莎在酒吧认识了比她年长的查克。她完全为他的英勇事迹所折服。梅丽莎兴奋地和我说他是个间谍！查克告诉她，他正在执行中央情报局的特殊任务，并暗示会从佛罗里达飞往拉丁美洲。这彻底把她迷住了。当我提醒她，间谍通常不会向刚认识的人透露自己的身份，她的第一反应是维护他。

后来，查克和梅丽莎搬到了一起住。他将自己的性功能障碍归因于战争创伤，并向她解释，经济状况不稳定是因为他的瑞士银行账户目前用不了，没有固定工作是因为他随时准备执行紧急任务。他告诉她，她能够为他提供住宿、食物和消遣真是幸运，因为这证明了她是一个忠诚的爱国者。

他会时不时消失几天，然后带着新的故事出现。梅丽莎身兼两份工作，长期睡眠不足，越来越不满查克对他们的生活毫无贡献，就在这时，查克又一次突然消失了。这一次，他六个月没有露面。后来有一天，梅丽莎碰巧在邻近的城镇遇到了他，他挽着一个大肚子的女人，那个女人向梅丽莎介绍自己是查克的妻子。这简直就是晴天霹雳！

有毒的骗人精也属于这一类，他们的生活也以谎言为基石，但这些谎言是为了掩盖主要关系外的其他危险关系。

关于出轨，我简单说几句。不幸的是，总有些人会选择在主要关系外发展次要关系。这种选择很少与主要关系有关，尽管这群在感情中徘徊不定的人可能会对主要的伴侣横加指责。一般来说，出轨是最糟糕的解决方法。出轨只不过会让出轨方产生更多的情感碎片，却无法让出轨方战胜自己的恐惧、困惑和不足之感。

好消息是，大多数偏离主要关系的人，一旦看到自己造成的伤害，就不会再做出这样的选择。这种洞察力有助于徘徊不定的人厘清问题，并对主要关系做出承诺。然而，有些人出轨是因为完全无法对任何人做出承诺，而且特别害怕独处。从某种意义上说，他们利用别人来排遣自己的孤独，同时维持着一种主要关系，以保证自己永远不会孤单。

这类人的内心有一个空洞，无论出轨多少次都无法填满。相反，他们不断地伤害那些爱他们的人，让对方流泪、心碎。他们很少或根本不考虑别人的感受。没有什么能改变他们的行为，因为没有什么能比填补空洞的执念更强大。然而，如果你建议他们去治疗，他们就会愤怒地宣称自己没有任何问题，不需要治疗——一个完美的双重困境！

危险和警示信号

应该给这些人贴上警示标签，这样我们就更容易避开，而且他们确实有某些行为可以作为警示信号。

下面列出的有毒行为并不包括所有的可能性。但它们中的任何一个都可以作为一个警告，提醒你注意你们之间发生的事。

有毒之人的 13 个警示信号

1. “你才是问题所在。”在这种情况下，有毒的人无法或不愿承担自己的言行带来的任何后果。相反，他们反复告诉你，如果你更好、更富有、更漂亮或更聪明，那就不存在任何问题。有毒的人如此关注表面，以致看不到问题的很大一部分是他们自己造成的。

2. 控制行为或极度嫉妒。如果对方想要掌控你生活中的每一刻，或者极度嫉妒占用你时间和兴趣的人或事，那你可要小心了！这个人想占有你，吸收你的能量。
3. 没有界限感。自己没有界限感，也无视你设定的界限，这是有毒之人的另一个标志。再一次，欲望是如此彻底地摧毁了你们之间的界限，以致你们都不再作为一个独立的个体而存在。没有界限感的人认为，自己有权对你做任何他们想做的事。
4. 暴力。无论出于何种原因，都不要容忍关系中的暴力行为。这一点毋庸置疑。任何理由、解释、合理化、澄清或辩解都不是暴力行为的借口。如果你们的关系中存在暴力迹象，那就不是一段关系，赶紧离开！
5. 欺骗或犯罪行为。如果对方正在从事犯罪活动，即使你没有参与，你也可能受到怀疑。如果你被骗了，去找警察，看看你有什么选择，然后听从他们的建议。在这两种情况下，你都不应该为了找回失去的东西而陷得更深。
6. 成瘾行为。如果对方无法戒除毒瘾或酒精依赖，你需要下定决心结束这段关系。这个人的联结对象是成瘾物质，不是你，如果你继续留下来，将会为此付出代价。如果一个成瘾者非常想和你建立联结，他会愿意戒瘾。向他明确这一点，是你唯一的武器——要毫不犹豫地使用它。
7. 欺骗、出轨或不寻常的性行为。那些要求你接受不寻常的性行为（包括出轨）作为恋爱的先决条件的人，是一个糟糕的人，除非你信奉一套完全相同的规则。我指的不是偶尔尝试性感内衣，而是像 SM、捆绑或其他破坏性的行为。

如果你告诉对方你不喜欢尝试这些，而对方却一再坚持，那你要警惕，这种行为可能是有毒的。

8. 承诺恐惧症。如果对方不愿意对这段关系做出正式的承诺，你可以把这看作一个警报，他可能永远都无法做出承诺。
9. 奚落、侮辱和嘲弄。有爱的戏弄不是一件坏事，但如果对方坚持在公共场合中伤你，或者无休止地取笑你，这种有毒的行为会让你处于一种不利的地位。如果你屡次被嘲弄、侮辱和奚落，就该与对方当面对质。如果这种嘲弄持续下去，你应该敲响警钟了。
10. 绝对化思维。对方缺乏变通思维，会给你造成麻烦。如果他看到的一切非黑即白，不是对就是错，那在你被谴责为“错、错、错”之前，你几乎没有犯错的空间。这意味着对方很有可能是有毒的！
11. 先接受再拒绝的“是的，但……”。如果你听到的多是借口，而不是合理解释，如果每次对质，对方都用“是的，但……”来转移话题；那你面对的就是一个不愿意承担自己行为后果的人。一个凡事都要怪到别人头上的人，不太可能是一段亲密关系的合适人选。
12. 双重束缚。双重束缚指无论你做什么都会陷入错误的境地。每个人都会经历双重束缚。一个典型的例子是，你讨厌你的工作，但如果辞职，就没有钱。如果对方常常发出相互矛盾的信息，让你陷入两难境地，这是一种有毒的行为，旨在让你失去平衡，感到困惑，怀疑一切。
13. 撒谎。每个人都会在一些小事上撒谎，如果对方经常撒谎，或者对方的谎言导致你们陷入某种困境，这明显是有毒行为的迹象。

在所有这些迹象中，没有一个能单独表明，你需要让伴侣立刻走人，但是，如果观察到对方符合其中几个或更多特征，你要引起重视，留心观察这段关系的走向，至少要对进一步的交往保持谨慎。

人人都可能犯错误。但如果这些错误是个人行为模式的一部分，那你应该将此看作一种警示，再仔细考虑一下这段关系。

我的两性关系有多糟糕?

将下列表述与你的两性关系进行比较，从1(从不)到6(完全符合)打分。

______ 1. 伴侣打我或推搡我。

______ 2. 伴侣辱骂我，贬低我，还经常嘲笑我。

______ 3. 伴侣对我撒谎。

______ 4. 伴侣出轨不止一次。

______ 5. 伴侣从别人那里骗取财物。

______ 6. 伴侣偷东西。

______ 7. 伴侣酗酒。

______ 8. 伴侣以暴力或分手来威胁我。

______ 9. 伴侣无法对我们的关系做出承诺。

______ 10. 伴侣要求一切都听他的，从不愿意妥协。

______ 11. 伴侣找不到工作。

______ 12. 伴侣情绪波动很大，难以预测。

______ 13. 伴侣侵犯了我的界限。

______ 14. 伴侣在任何事情上都不和我沟通。

______ 15. 伴侣总是缠着我，不给我独处或与朋友相处的时间。

______ 16. 伴侣嫉妒心极强。

______ 17. 我们之间没有信任。

______ 18. 伴侣脾气暴躁。

______ 19. 伴侣试图控制我的生活。

______ 20. 伴侣对食物、金钱和酒精没有自制力。

______ 21. 伴侣像条变色龙。我从来不知道该期待什么。

______ 22. 伴侣会直接或间接地告诉我，我不够好。

______ 23. 伴侣看待事物非黑即白。

______ 24. 伴侣没有亲密的朋友，与家人也不亲近。

______ 25. 伴侣坐过牢。

______ 26. 伴侣习惯用“是的，但……”来回应我。

______ 27. 伴侣试图让我远离朋友或家人。

______ 28. 伴侣对我的宠物 / 孩子 / 家人很无情。

______ 29. 伴侣对任何事都没有什么情绪反应。

______ 30. 伴侣会提起我过去的一切，就好像我是有问题的人。

现在把分数加起来：

54 分以下：你们之间敞开心扉，相互联结，只是偶尔需要调适一下。

55 ~ 79 分：你们之间有些问题，但无须干预就可以自行解决。

80 ~ 109 分：考虑一下心理治疗师。你们的关系有很大的改善余地。

110 ~ 134 分：找个心理治疗师，做好长期治疗的准备。

135 ~ 159 分：你们的关系可能无法维系。

超过 160 分：小心！你们的关系是有毒的。

为什么我们会被坏人吸引

一般来说，大多数人能够或愿意做出一些改变，但也有一些人是有毒的，他们不愿或无法改变。那么，我们为什么要和他们扯上关系呢？你可以问问自己："我当时到底在想什么？"大多数人都曾至少一次陷入有毒、疏远的关系中，结果却发现自己被摧毁了，并怀疑自己是否有能力做出正确选择。

我们选择卷入进来，有几个原因：首先，那些似乎需要修正基本自我的人是非常吸引人的。毕竟，一段好的关系可能会改变一个人。但实际情况是，好的关系可以帮助他改善和提升，但无法改变他。改变一个人的唯一方式，是他自己选择改变。如果一个人愿意改变他应对和体验世界的方式，你会在恋爱初期就知道这一点。然而，当他想要以一种不健康的方式改变你，或让你的情感变得封闭，战斗就会开始。

但是，这一过程的诱人之处在于，它暗示着，如果你稍微改变一点儿，伴侣也会做出相应的改变。这就是双人舞开始的地方，你选择妥协一部分，将控制权交由你的"舞伴"，期待他会履行那未说出口的承诺。与此同时，对方期待的是，你能一直妥协下去，因为当你在不断寻找扭转一切的神奇公式时，他所有的需求也会在这一过程中得到满足。

没有什么神奇公式。只要你试图让一切变得完美，有毒的人就会得到他想要的。你可以坚定地告诉对方你要什么，或者积极推动改变，如果成功，那太棒了。如果没有，你需要做好结束这段关系的准备。

这将是一个非常痛苦的过程，因为从一开始，你就承担了这段关系里的所有工作，也投入了太多情感，却换来这个结果。请记住，你没有对不起他，也不需要弥补他。你最好把时间花在提升自己上，这样才会做好以后拥有健康的人际关系的准备。

健康的选择

人无完人。在这个世界上，没有人能毫无负担地开始一段新的感情；也没有多少人无法真正做出一些改变，来建立更紧密的联结，或在情感上更敞开心扉。人总是在变的。一段良好的关系将促成、支持健康的改变，因为你们会相互奔赴，共同努力，使双方的关系更加牢固。

那么，你如何确定那些有能力改变的人是好伴侣呢？

1. 倾听。仔细倾听对方谈论以前的关系、与家人的沟通方式，以及对自我的感觉。
2. 感觉。不仅要表达你对这段关系的感觉，还要表达你对生活的总体感觉。如果对方能够谈论自己的感受并表现出来，你们就具备建立一段健康关系的条件。
3. 时间。了解一个人需要时间。如果你不留出时间去成熟、沉淀，你就不能仅凭感觉就认为它会朝着你想要的方向发展。
4. 运用常识。如果你的警报响了，停下来，仔细想想是什么触发了它。如果你一直处于消极的人际关系中，积极的人际关系反而让你觉得奇怪。运用你的头脑，抛开之前的糟糕经历，认真审视一下目前的处境。

5. 听听朋友的建议。如果朋友支持和鼓励某段关系，或者试图告诉你某段关系似乎有问题，不要急着反驳。听听他们的依据，并在做决定的时候加以考虑。
6. 忠于自己的内心。如果你的内心深处感觉某段关系是对的，它很可能就是对的。相信发自内心的声音，因为它往往知道什么是最适合你的。

还记得一开始的那个派对吗？我希望你不要参加，而是待在家里，看一本好书，等待对的人出现！

祝你好运连连、幸福满满！要记住，你不仅值得盛情邀约，你还应该是最尊贵的客人！